TOP 10 VINHOS ESTADOS UNIDOS E CANADÁ

SELEÇÃO DE
VINCENT GASNIER

PUBLIFOLHA

Esq **Panther Creek Cellars, Oregon** Dir **Duckhorn, Vale do Napa**

Um Livro Dorling Kindersley

www.dk.com

"Top Ten Wines: North America" foi publicado originalmente na Grã-Bretanha em 2006 pela Dorling Kindersley Limited, 80 Strand, Londres, WC2R 0RL, Inglaterra.

Baseado em *Wines of the World*, publicado por Dorling Kindersley em 2004.

ISBN 978-85-7402-805-7

PUBLIFOLHA
Divisão de Publicações do Grupo Folha
Al. Barão de Limeira, 401, 6° andar, CEP 01202-900, São Paulo, SP
Tel.: (11) 3224-2186/2187/2197
www.publifolha.com.br

COORDENAÇÃO DO PROJETO
Publifolha
Assistência Editorial: Rodrigo Villela
Assistência de Produção Gráfica: Soraia Pauli Scarpa

PRODUÇÃO EDITORIAL
Editora Página Viva
Supervisão: Carlos Tranjan
Edição: Livio Lima de Oliveira
Tradução: Luiz Roberto M. Gonçalves
Consultoria técnica de vinhos: Carina Cooper – Sommelier reconhecida pela Association de la Sommelerie Internationale
Consultoria na seção "Compra de Vinhos": Josimar Melo
Revisão: Agnaldo A. de Oliveira
Diagramação: Sandra Tranjan
Edição de arte: Estela Squaris e José Rodolfo de Seixas

Impresso na Leo Paper Products Ltd, China.

As listas Top10 não estão em ordem de qualidade ou popularidade. As 10 atrações, na opinião dos editores, são iguais em importância.

Foi feito o possível para garantir que as informações deste livro fossem as mais atualizadas disponíveis até o momento da impressão. No entanto, alguns dados como telefones, preços, horários de funcionamento, exposições e informações de viagem estão sujeitos a mudanças. Os editores não podem se responsabilizar por qualquer conseqüência do uso deste guia, nem garantir a validade das informações contidas nos sites indicados.

Os leitores interessados em fazer sugestões ou comunicar eventuais correções podem escrever para a Publifolha, Av. Barão de Limeira, 401, 6° andar, CEP 01202-900, São Paulo, SP, enviar um fax para: (11) 3224-2163 ou um e-mail para: atendimento@publifolha.com.br

Esq **Vinhedo em Okanagan, Canadá** Centro **Rótulo da Bedell Cellars** Dir **Rótulo da Beringer**

Sumário

Vinhedos Navarro em Mendocino

Símbolos

- tipos de solo
- variedades de uvas tintas
- variedades de uvas brancas
- estilos de vinhos
- informações para contato
- aberto ao público
- fechado ao público
- ★ marcas de vinhos ou varietais notáveis

O Mundo do Vinho

O vinho pode ser apenas um prazer sensorial imediato ou até a personificação de região ou época específica. Ele é o puro reflexo de seu terroir *(ambiente onde a uva cresce) e expressa, muito mais que qualquer outro produto, suas origens culturais e geográficas. Cada safra produz vinhos que são o resultado de processos climáticos e humanos diversos, por isso dois vinhos nunca serão idênticos.*

Origens e Significado Cultural do Vinho

O vinho faz parte da cultura mundial desde o início dos registros históricos. Acredita-se que surgiu nas montanhas do Cáucaso, na Geórgia (oeste da Ásia). Na Grécia e na Roma antigas, o deus Dionísio (ou Baco) personificava o espírito da celebração com vinho. Firmemente estabelecido no modo de vida mediterrâneo, mais tarde se tornou um elemento importante da religião cristã. Os mosteiros medievais fizeram muito para melhorar a qualidade do vinho, aperfeiçoando o plantio e desenvolvendo novas técnicas de produção em suas adegas.

No século 16, os europeus se aventuraram até as Américas, levando consigo sua religião e seus vinhos. Por ser mais limpo e seguro de beber que a água, o vinho se tornou parte da vida cotidiana, tanto para matar a sede quanto por seu papel na tradição religiosa. Enquanto isso, o comércio de vinho floresceu na Europa (a partir dos grandes centros exportadores de Bordeaux, Porto e Veneza); as técnicas de fabricação de garrafas foram aperfeiçoadas; a produção de vinho espumante evoluiu e os vinhos de Bordeaux, Borgonha, Alemanha e Portugal se tornaram valorizados e imitados em todo o mundo.

Hoje, mais que nunca, faz parte da vida cotidiana, tanto como bebida para desfrutar em comemorações quanto como parceiro versátil para as refeições. Não surpreende que se tenha tornado parte intrínseca da cultura mundial. Além dos efeitos relaxantes do álcool, o vinho continua fascinando por seu caráter sempre em mutação, tão profundamente ligado à terra, às pessoas e à cultura que o criaram.

Vinhedos em Paraiso Springs, Monterey, Califórnia

Regiões Vinícolas do Mundo

Atualmente, o mundo tem mais de 8 milhões de ha cobertos de vinhedos e produz cerca de 30 bilhões de litros de vinho por ano. Os vinhedos se concentram entre os paralelos 32° e 51° no hemisfério norte e entre 28° e 42° no hemisfério sul. Pode ser produzido em todas as partes do mundo que têm um clima adequado – do Chile à Nova Zelândia e da África do Sul à China.

A região mediterrânea é o coração da viticultura na Europa, pois desfruta de quase 240 horas de sol por mês, temperaturas médias de 17°C na estação de cultivo, chuvas anuais de cerca de 600mm e um inverno bastante frio, que permite um período de dormência das vinhas. As regiões clássicas de Bordeaux, Borgonha e Vale do Rhône, Rioja e Toscana gozam dessas condições ideais e seus *terroirs* se tornaram parâmetros mundiais.

A busca de novos *terroirs* levou os viticultores a aventurar-se no Novo Mundo. A Califórnia mostrou-se um *terroir* fácil, onde as uvas crescem bem no calor, com pequeno esforço. Mas os produtores descobriram que os melhores vinhos vêm de onde o calor é amenizado pelos ventos suaves da água (de um lago, rio ou do mar) ou pela influência da altitude. Os Grandes Lagos e a região Noroeste-Pacífico dos EUA estão se revelando áreas muito boas para o cultivo. Quando as vinhas estão em regiões que fazem com que elas sobrevivam, as uvas tendem a desenvolver sabores mais refinados.

O Que é *Terroir*?

Em todo vinhedo, uma combinação única de clima, topografia e tipo de solo define os atributos das videiras que crescem ali. Solos ricos podem produzir excesso de folhas e frutos medíocres. Solos de baixa fertilidade são, portanto, melhores. A estrutura do solo é considerada até mais importante do que sua composição química, e a boa drenagem é essencial. As uvas que as vinhas produzem e, mais tarde, o vinho produzido por elas refletirão as características desse lugar distinto. A palavra francesa *terroir*, que literalmente significa "solo", é usada para descrever não apenas o solo, mas todo o ambiente em que a vinha cresce. No *terroir* correto, os vinhos terão a mais harmoniosa das composições, com acidez, doçura, frutados e taninos equilibrados à perfeição. No errado, a safra sempre tende a fracassar.

Para mais informações gerais sobre vinho, incluindo estilos, terminologia de degustação e glossário **págs 136-53**

Velho Mundo e Novo Mundo

Hoje dizemos que os vinhos vêm do Velho Mundo ou do Novo. As regiões clássicas da França, Itália e Espanha estão no coração do Velho Mundo. O Novo Mundo inclui o hemisfério sul e a América do Norte. Até pouco tempo atrás, era relativamente fácil identificar, com uma rápida aspirada e um gole, se o vinho era do Velho ou do Novo Mundo. Um vinho do Novo Mundo sempre tinha os ricos sabores e aromas frutados que refletem os vinhedos de climas quentes. Um exemplar do Velho Mundo seria mais sutil, com aromas delicados e complexos e sabores mais suaves. Hoje, porém, devido às técnicas aperfeiçoadas, um vinho do Velho Mundo pode ter um sabor quase idêntico ao de uma versão do Novo Mundo. Fermentação em barris, uso de leveduras silvestres e permanência nas borras para criar mais complexidade são algumas das técnicas que o Novo Mundo tem adotado do Velho.

Vinhos Regionais e Vinhos Comerciais

As técnicas hoje são tão avançadas que um enólogo tem muitas opções. A arte de produção de vinhos em quantidade é fazer a cada colheita e vinhos iguais, para que a marca seja confiável e acessível. Os vinhos de próprios *(estates)* são um verdadeiro reflexo de sua terra e cultura. São vinhos que provocam discussões apaixonadas, uma lealdade genuína – e uma faixa de preços enormemente variável. Também são vinhos que podem sofrer transformações de sabores quase miraculosas quando envelhecidos.

Tendências no Consumo do Vinho

Países tradicionalmente consumidores de vinho como França, Itália e Espanha têm sofrido uma queda no consumo nos últimos 30 anos, por diversos motivos. Em primeiro lugar, porque a qualidade da água melhorou. Assim, o vinho não é não é mais a bebida comum, além de ser considerado um empecilho ao desempenho no trabalho. Também houve um declínio no consumo de café. Num esforço para combater a superprodução na Europa, a bebida é produzida em menores quantidades e com padrões (e preços) cada vez mais altos. Não se considera mais o vinho uma bebida para matar a sede, e sim para ser degustada.

Nos países de língua inglesa, a imagem é muito diferente: o consumo de vinho no Reino Unido, por exemplo, aumentou mais de 500% desde 1970; o surto de popularidade é conseqüência direta da grande quantidade de vinhos frutados e acessíveis do Novo Mundo que inunda o mercado e do advento de vinhos "de marca". O vinho deixou de ser exclusivo da elite.

Acredita-se que o vinho contribui para uma vida mais saudável. Seus benefícios como bebida social, mantenedora da saúde e foco de interesse geral, sugerem que ele fará parte de nossa cultura por muitos anos.

Vinhedo Domaine Drouhin, no Oregon

Vincent Gasnier

"Adoro transmitir de forma simples, fácil de assimilar, o que aprendo ao degustar alguns dos melhores vinhos do mundo. Por isso, fiquei muito grato quando a Dorling Kindersley me convidou para fazer listas dos dez melhores vinhos dos EUA e Canadá, categoria por categoria. Obviamente não havia espaço para incluir todos os vinhos que mereceriam estar aqui, mas as listas foram elaboradas para oferecer um panorama bastante abrangente. Naturalmente, elas apresentam rótulos bem conhecidos de grandes produtores, mas também contêm nomes desconhecidos para muitos leitores, desde os fabulosos – e, em muitos casos, bastante caros – vinhos do Vale do Napa até os segredos mais bem guardados do país, vinhos com excelente relação custo-benefício elaborados a partir de denominações menos conhecidas por enólogos talentosos e promissores."

Vincent Gasnier
Londres, maio de 2006

TOP 10 Sobre as seleções

Não há uma hierarquia de qualidade implícita na ordem em que os vinhos aparecem nas listas Top 10. As dez seleções têm, de maneira geral, o mesmo mérito.

Sobre Vincent Gasnier

Jovem *sommelier* francês que hoje trabalha na Inglaterra, Vincent Gasnier ascendeu rapidamente em sua profissão. Em 1994-5, quando trabalhava no Restaurant Laurent, em Paris, foi promovido a *sommelier* sob a orientação de Philippe Bourguignon, considerado um dos melhores na França. Em 1997, com 22 anos, recebeu a qualificação de *Master Sommelier* – a pessoa mais jovem em todo o mundo a receber tal distinção. Depois de um período como *chef-sommelier* no Hotel du Vin, em Winchester, resolveu estabelecer seu próprio negócio, que oferece consultoria a compradores de vinho, administração de adegas, eventos vips relacionados a vinho e tours vinícolas exclusivos. Presta serviços a muitos clientes individuais e corporativos de renome, entre eles o Parlamento Britânico, em Londres. É também crítico em degustações e figura constante em revistas e programas de televisão.

Para mais informações sobre Vincent Gasnier, consulte a página
www.vincentgasnier.co.uk

VINHOS DOS EUA

Apresentação dos Vinhos dos EUA

Os Estados Unidos têm uma ampla variedade de regiões adequadas ao cultivo de vinhas, que vão desde as encostas banhadas de sol da Califórnia aos climas mais frios, semelhantes ao da Borgonha, em Oregon e nos Finger Lakes, no estado de Nova York. Cada região tem seu próprio conjunto cativante de estilos de vinho.

Os Primórdios

Os primeiros vinhos norte-americanos foram feitos no século 16 pelos colonizadores da Costa Leste. Eles usaram as videiras *Vitis labrusca*, que cresciam em abundância na natureza *(pág 14)*. Esses vinhos têm aroma e sabor muito peculiares, geralmente não apreciado pelos paladares europeus. "São gordas e o suco é espesso. Nem têm sabor agradável quando transformadas em vinho", escreveu um certo capitão John Smith em 1606, sobre as uvas *labrusca*.

Com a chegada de colonos vindos da França, da Itália e de outras partes da Europa, foram introduzidas as videiras *Vitis vinifera* – as variedades tradicionais para produção de vinho – que começaram a ser cultivadas nas colônias da Costa Leste. Porém, por mais que tentassem, não conseguiram manter essas videiras vivas, ou seja, não se adaptaram à região. Sem saber, estavam experimentando os primeiros ataques do inseto filoxera *(pág 11)*, que é endêmico na Costa Leste. Esses pulgões, tão pequenos que não eram sequer localizados pelos colonos, foram levados para a Europa nas constantes viagens da época da colonização, matando as videiras pela raiz.

A situação era diferente na Costa Oeste, que não sofria ataques desse inseto na fase inicial da colonização do país. Quando os missionários pioneiros espanhóis chegaram à região da Califórnia, no século 18, trouxeram mudas de *Vitis vinifera* para plantar em suas missões, com o objetivo de fabricar vinho para os rituais religiosos. Essas vinhas prosperaram por toda a Califórnia, chegando a Sonoma em 1805. Assim, em meados do século 19, os EUA tinham duas indústrias vinícolas distintas – a da Costa Leste, que produz

Vinhedo pertencente a Navarro, Costa Norte da Califórnia

Págs 8-9 **Vista no outono de um vinhedo na Trilha de Silverado em Yountville, Vale do Napa**

bebidas de má qualidade de uvas labrusca, e a da Costa Oeste, onde os vinhos do Vale do Napa já eram reconhecidos como alternativa viável aos importados da França. Ainda no século 19, a indústria de vinhos da Califórnia gozava de tamanha reputação que as grandes áreas vinícolas da França, incluindo a Champagne, formaram sindicatos para se proteger da possível ameaça a seus mercados.

No fim do século 19 houve a disseminação global do inseto, levado acidentalmente para a Europa e para a Costa Oeste dos EUA por comerciantes. Outro golpe ainda mais danoso para a indústria de vinhos foi a chamada Lei Seca, que vigorou de 1920 a 1933 *(pág 119)*. A proibição oficial do álcool nessa época deixou a maioria dos vinhedos da Califórnia abandonada ou malcuidada, e as vinícolas fecharam, embora algumas tenham sobrevivido produzindo vinhos para missas ou apenas suco de uva.

Depois da Lei Seca veio uma das piores depressões econômicas da história americana, seguida da Segunda Guerra Mundial. Não admira, portanto, que no fim da guerra a indústria vinícola dos EUA estivesse defasada do progresso europeu. Vinhos fortificados baratos eram produzidos na Califórnia e havia somente um punhado de bons vinhos tintos. Estados do leste como Nova York produziam bons vinhos espumantes e tintos adocicados de variedades inferiores de labrusca.

História Moderna

Novas influências ganharam destaque na década de 1960, sob a orientação de mentores como André Tchelitscheff e Robert Mondavi *(págs 16-7)*. Mondavi construiu a primeira nova vinícola no Vale do Napa depois da Lei Seca. Outros o seguiram rapidamente, e vinícolas ciosas da qualidade se estabeleceram em outras regiões da Califórnia, como Sonoma e Santa Cruz. Na década de 1970 começou a ser explorado o potencial de regiões meridionais como Monterey e Santa Barbara, e foi também nessa época que Oregon, no norte, foi reconhecido como local para viticultura de clima frio, incluindo a excelente Pinot Noir *(pág 99)*. Nos anos de 1980, um verdadeiro potencial para vinhos feitos das variedades Bordeaux e Rhône foi identificado no estado de Washington.

Apesar de problemas como um novo surto de filoxera na década de 1980, os EUA não recuaram. A qualidade e os preços atingem níveis excepcionais na Califórnia. Estados como Ohio, Michigan, Nova York e Virgínia mostraram que também são capazes de produzir ótimos vinhos.

O Inseto Filoxera

O *Phylloxera vastatrix* é um pequeno afídeo (pulgão) que gosta de comer raízes de videiras. Enquanto as plantas nativas dos EUA têm uma resistência natural a esse parasita, as vinhas européias *(Vitis vinifera)* tradicionalmente usadas na produção de vinhos podem sofrer bastante. O pulgão foi acidentalmente exportado para a Europa na década de 1860 e devastou muitos vinhedos na França, até que nos anos 1880 sua produção havia caído quase pela metade. Depois ele invadiu outros países, como a Austrália, enquanto as variedades *vinifera* plantadas na América do Norte morriam. A solução, desenvolvida na década de 1870 pelo botânico Jules-Emile Planchon e pelo ampelógrafo Charles Riley, foi enxertar as raízes das vinhas norte-americanas resistentes ao inseto com os brotos frutíferos das videiras européias. Essa prática ainda é usada em muitas partes dos EUA.

Viticultura e Vinificação

Enólogos pioneiros *(págs 16-7)* e inovações nos vinhedos e vinícolas personificaram a indústria de vinho nos EUA depois da Lei Seca. Uma força importante foi a Universidade da Califórnia, em Davis, que tem um departamento dedicado ao estudo da vitivinicultura na Califórnia, incluindo a adequação das variedades de vinhas aos diferentes solos e mesoclimas em todas as regiões de produção de vinho do estado. Utilizando recursos desses estudos, os produtores da Califórnia introduziram novos sistemas de condução para manter suas videiras mais frescas nos dias quentes e longos de verão, além de métodos de irrigação que mantêm as plantas frescas no verão enquanto as protegem das geadas no inverno.

A universidade também desenvolveu métodos de poda e de colheita mecânicos, e o processo de fermentação a frio, que permite aos produtores de regiões quentes produzir vinhos mais perfumados, que normalmente só são possíveis em climas mais frescos. Enquanto isso, nas regiões mais frias de Washington e Oregon, instituições como a estação de pesquisa Prosser *(pág 90)* e o casamento das técnicas do Velho e do Novo Mundos ajudaram a moldar a face da vitivinicultura moderna no país.

A Indústria Vinícola Norte-Americana Hoje

Em termos de volume, os Estados Unidos são o quarto maior produtor de vinhos do mundo (atrás de França, Itália e Espanha). O estado da Califórnia sozinho é responsável por cerca de 94% da produção. Em termos de consumo interno, os vinhos norte-americanos ficam em terceiro lugar (depois dos italianos e dos franceses). No entanto, diferentemente dos países europeus, onde a maioria da população bebe vinho, apenas 8% dos cidadãos norte-americanos consomem 80% de toda a produção nacional.

Outro modo pelo qual a produção de vinho dos EUA se diferencia da européia é a falta de regulamentação dos padrões de vinhos e sua rotulagem *(págs 18-9)*.

A produção de vinhos depende bastante da força dos mercados consumidores. Em 2003, por exemplo, houve uma grande produção excedente e milhares de hectares de vinhas foram arrancados na Califórnia.

Vinhedo e escola em St Helena, Vale do Napa

Regiões Vinícolas

A Califórnia domina a indústria de vinhos dos EUA, mas há áreas de produção significativas em quase todos os estados. Entre os estados importantes, destacam-se Washington e Oregon, no noroeste, e o estado de Nova York, no leste. Muitos outros estados foram prejudicados pela má reputação, mas Michigan, Ohio e Virgínia estão melhorando signifcativamente a qualidade de seus vinhos.

Esses períodos de instabilidade, porém, tendem a ser curtos e muitos especialistas do setor acreditam que a falta de interferência do governo beneficia a livre negociação e gera produtos que agradam muito ao paladar dos consumidores norte-americanos.

Grandes Atores

Apesar de haver milhares de vinícolas nos EUA, o mercado é dominado por um punhado de grandes produtores. A Ernest & Julio Gallo *(pág 83)* foi o maior produtor de vinhos durante décadas, abarcando quase 30% do mercado. A Mondavi *(pág 43)* foi outra gigante, juntamente com o grupo internacional Beringer Blass, que hoje faz parte do grupo cervejeiro australiano Foster's. O grupo canadense Vincor, o anglo-espanhol Allied-Domecq, o Diageo (Reino Unido), The Wine Group (San Francisco) e Jackson Wine Estate também respondem pela produção de muitas das vinícolas grandes norte-americanas. No entanto, uma série inédita de aquisições corporativas levou recentemente a companhia Constellation Brands a tornar-se a maior produtora de vinhos não só do país como do mundo.

A Maior Companhia Produtora de Vinhos do Mundo

A história da Constellation Brands começou em 1945, quando foi fundada na Costa Leste a Canandaigua Industries Co., que vendia vinho em barris para ser engarrafado por distribuidoras. Na década de 1970, a companhia prosperava, graças às crescentes vendas geradas pelo vinho Scuppernong, pela marca Wild Irish Rose e pelo champanhe J. Roget. Nos anos 1990 vieram as primeiras aquisições, que incluíram Paul Masson, Taylor e Inglenook. Depois de mudar seu nome para Constellation Brands, em 2001 ela se ao associou ao grupo australiano BRL Hardy.

Em 2004, a Constellation comprou a BRL Hardy e depois a poderosa Mondavi. Em 2006, o grupo já reunia outras empresas: a Icon Estates, baseada no Vale do Napa, a vinícola Robert Mondavi, a vinícola Columbia, Ravenswood e outros bons vinhos.

As vendas anuais da Constellation em mais de 60 países hoje superam os US$4 bilhões. Se essa gigante vai repousar sobre os louros ou expandir-se ainda mais é uma incógnita.

Variedades de Uvas dos EUA

A América do Norte tem muitas vinhas autóctones que os primeiros colonizadores usaram para fabricar vinho, e durante anos foi a base da indústria vitícola norte-americana. As variedades Vitis vinifera *foram trazidas da Europa no século 19 para suplantar as variedades nativas, primeiro na Califórnia e depois em outras partes do país. Hoje as principais variedades vêm da Europa.*

Variedades Nativas

Variedades de *Vitis labrusca* (ou *fox grape*) crescem naturalmente no leste dos EUA e no Canadá e ainda são usadas para vinhos de mesa e suco de uva. A Catawba, de casca rosada, foi uma das primeiras variedades de *labrusca* usadas na produção comercial de vinho, a partir de 1802. A variedade mais conhecida é a Concord, uma uva tinta de sabor classicamente acentuado, que foi introduzida em 1854. A Niagara é uma variedade branca aparentada à Concord. Ives e Campbell (tintas), Diamond, Norton e Delaware (brancas) são outras híbridas de *labrusca*. Essa foi a principal variedade usada pela indústria vinícola no estado de Nova York até os anos 1970.

A região sudeste é o lar da *Vitis rotundifolia* (Scuppernong ou Muscadina, não confundir com a Moscatel). Tem um sabor almiscarado, mais que pungente, e é cultivada desde o século 16 para produção de vinhos do porto e de sobremesa. A *Vitis riparia*, comumente chamada de uva de ribeira ou uva de geada, é às vezes usada para vinho.

Atualmente, as variedades nativas norte-americanas são produzidas mais para pesquisas e cruzamentos com outras variedades do que para a produção de vinho. Sua raiz, resistente ao filoxera, é utilizada em enxertos *(pág 11)* e seus genes resistentes são cruzados com os das uvas européias para criar variedades híbridas.

Principais Variedades de Uvas Tintas

Os principais tintos da Califórnia geralmente são feitos num estilo rico, quase pesado, frutado, com alto teor alcoólico, conseqüência do clima ameno. Os tintos do Noroeste-Pacífico e do Nordeste-Atlântico costumam ser mais harmoniosos que potentes.

Cabernet Sauvignon
Boa parte dos melhores vinhos é feita com a Cabernet Sauvignon. É originária de Bordeaux, França, onde é adicionada com Merlot e Cabernet Franc. Nos EUA, ela teve sucesso no Vale do Napa, tanto em cortes encorpados e envelhecidos como em vinhos varietais, com sabor de fruta madura.

Cabernet Sauvignon

Pinot Noir
Delicada uva da Borgonha, de clima frio e de baixa produtividade. É a principal variedade no Oregon. Resulta em vinhos semi-encorpados, com aromas que evoluem com o tempo.

Syrah
Uma complexa variedade do Rhône (conhecida como Shiraz na Austrália) que envelhece bem e ganhou espaço na Califórnia.

Merlot
Usado em misturas em Bordeaux, é mais comum como varietal nos EUA. Os taninos suaves e sabores frutados são típicos do Merlot da Califórnia. Alguns envelhecem bem.

Zinfandel
O clássico californiano varia de rosa-claro *(rosé)* a potentes tintos alcoólicos, com encorpado sabor de frutas silvestres e taninos suaves.

Para saber mais sobre estilos de vinhos, **págs 136-7**

Zinfandel

Embora seja às vezes considerada uma variedade nativa, tem um legado europeu *(pág 51)* e é semelhante à italiana Primitivo. Ela é cultivada na Califórnia desde o século 19. Quando o foco das vinícolas passou para as variedades clássicas européias na década de 1970, a Zinfandel perdeu muito prestígio e chegou perto da extinção em meados dos anos 1980. No entanto, foi salva pela invenção do vinho rosé (*blush* nos EUA) e atualmente seu uso é comum na produção de vinhos rosé e tinto. Alguns dos melhores vinhos Zinfandel são feitos de videiras que têm décadas de idade. Este guia apresenta os Top 10 produtores de Zinfandel *(pág 50)*.

Variedades Clássicas Européias

A Cabernet Sauvignon é a variedade tinta mais importante na Califórnia, representando quase 25% de todas as tintas no estado. Durante muitos anos a Merlot esteve lado a lado com a Zinfandel em segundo lugar. A popularidade da Merlot chegou ao auge no final dos anos 1990, mas muitos vinhos fracos, de videiras esgotadas, prejudicaram sua reputação. Enquanto isso, a Pinot Noir adaptou-se em regiões frias como o Oregon, e a Syrah parece prosperar em toda parte. Entre as dezenas de variedades tintas que vêm da Europa, destacam-se a Grenache, a Cabernet Franc e a Gamay.

As variedades tintas clássicas são mais plantadas (60%) que as brancas (40%). A Chardonnay é claramente a preferida, representando pelo menos 80% dentre as brancas. Rica e opulenta, sua popularidade não dá sinais de diminuir nos EUA. Outras uvas brancas como Viognier, Roussanne, Pinot Gris e Riesling produzem alguns vinhos excelentes, em quantidades muito menores. Somente a Sauvignon Blanc (muitas vezes chamada de Fumé Blanc) é uma alternativa viável à Chardonnay em termos de quantidade.

Principais Variedades de Uvas Brancas

A Chardonnay é uma videira relativamente fácil de cultivar e a variedade branca preferida nos EUA. Porém, sua produção é fraca, embora ainda haja muitos viticultores que consigam extrair o melhor da Chardonnay e de outras brancas.

Chardonnay
Gera um vinho seco, encorpado, mas seu sabor varia de ácido e metálico a intenso e tropical, dependendo do *terroir* e do método de produção. No calor da Califórnia, tende a desenvolver níveis elevados de açúcar quando deixada amadurecer por muito tempo, o que provoca falta de acidez. Os melhores produtores americanos a colhem cedo e fazem Chardonnays muito elegantes.

Chardonnay

Pinot Gris
Conhecida como Pinot Grigio na Itália, é encorpada e tem sutis sabores de mel, tostados e especiarias.

Riesling
Produz um vinho leve e perfumado, com acidez vivaz, sabor aromatizado e níveis de álcool baixos. Típica da Alemanha, é cultivada no Noroeste-Pacífico.

Sauvignon Blanc / (Fumé Blanc)
Variedade seca, ácida e bastante aromática, com um firme veio de acidez. Na Califórnia, é chamada de Fumé Blanc.

Viognier
Alguns produtores estão fazendo bons vinhos brancos secos com esta variedade do Rhône. É encorpada e tem aromas de abricó e almíscar.

Viticultores Importantes

A Lei Seca, na década de 1920, arrasou a indústria vinícola norte-americana. Muitas vinícolas fecharam, e quando a proibição foi suspensa, em 1933, havia grande escassez de equipamentos modernos e profissionais treinados nos EUA. Alguns entusiastas – liderados pelos vinhedos Beaulieu Vineyards e o viticultor André Tchelitscheff – iniciaram o renascimento da indústria e tornaram-se heróis no mundo dos vinhos. Tchelitscheff influenciou gerações de viticultores, que colocaram a Califórnia novamente no panorama internacional.

André Tchelitscheff (1901-94)

Nascido na Rússia e educado na França, o enólogo Tchelitscheff foi contratado em 1938 para remodelar a degradada vinícola Beaulieu Vineyards, no Vale do Napa *(pág 36)*. A Beaulieu tinha sobrevivido à Lei Seca fornecendo vinho para rituais religiosos. Além disso, era uma das poucas propriedades da Califórnia com plantações efetivas de vinhas Cabernet Sauvignon maduras.

Tchelitscheff reformou a vinícola e produziu uma série de Cabernets famosos, conhecidos como Georges de Latour Private Reserve. Sua principal conquista foi reconhecer a importância de práticas vitícolas como a proteção contra geadas, técnicas de fermentação com controle de temperatura e fermentação maloláctica. Ele transmitiu seu conhecimento para inúmeros produtores norte-americanos, que coletivamente melhoraram a qualidade geral dos vinhos da Califórnia.

Martin Ray (1905-76)

Martin Ray comprou a vinícola Paul Masson em 1936, vendeu-a para a Seagram em 1943 e depois fundou seu próprio vinhedo e vinícola em Mount Eden, a 600m de altitude, nas Santa Cruz Mountains. Embora a legislação permita que um varietal contenha até 25% de outra uva, Ray insistia que seus vinhos deviam ser 100% varietais. Ele fez campanha contra o uso de aditivos e concentrados químicos, que na época eram amplamente empregados por outras vinícolas. Ele também acreditava que a Califórnia deveria adotar as práticas de plantio e vinificação da Europa, visão amplamente aceita hoje, mas considerada excêntrica na década de 1950.

Robert Mondavi (1913-)

Nascido em Minnesota, Mondavi é de uma família de produtores de origem italiana, mas suas visitas à Europa o convenceram de que na Califórnia era preciso melhorar a qualidade dos vinhos para que pudessem competir com seus rivais europeus. Sua família discordou, e depois de uma disputa acirrada ele montou sua própria vinícola no Vale do Napa *(pág 43)*. Em poucos anos já fazia alguns dos vinhos mais sofisticados da Califórnia. Sua paixão pela excelência serviu de inspi-

Robert Mondavi em sua famosa vinícola

ração para outros produtores, e ele foi extremamente generoso, compartilhando os resultados de suas pesquisas em técnicas como envelhecimento em barris de carvalho. Mondavi também acredita na educação dos consumidores sobre as virtudes do consumo responsável de vinho para a melhora da qualidade de vida. Em 2006, Mondavi, com 93 anos, ainda era um enérgico cruzado internacional pelo valor do vinho, da gastronomia e das artes. A prática norte-americana de rotular os vinhos varietalmente – idéia que hoje está se infiltrando no Velho Mundo – surgiu principalmente por influência dele.

Warren Winiarski (1928-)
Em 1970, Winiarski, um cientista político de Chicago, partiu para a Califórnia, conseguiu um emprego de auxiliar de adega na Mondavi e com o tempo adquiriu vinhedos e uma vinícola no distrito de Stags Leap, em Napa. Seu Cabernet Sauvignon venceu a grande concorrência francesa na famosa degustação "Julgamento de Paris" *(pág 44)* em 1976. Winiarski continua produzindo Cabernets impecáveis, que demonstram que embora os vinhos de Napa tenham uma personalidade própria, conquistaram o direito de ser tão considerados quanto os maiores vinhos franceses.

Paul Draper (1936-)
Paul Draper é o produtor do Ridge Vineyards *(pág 80)* em Santa Cruz desde 1969. Sua realização foi dupla: ele criou um clássico vinho de guarda com seu antigo Monte Bello Cabernet Sauvignon; e demonstrou que o Zinfandel pode ser mais que um vinho tinto rústico e de "combate" (para o dia-a-dia), e que pode ocupar um lugar entre os tintos mais desejados do mundo. Por mais de 35 anos ele demonstrou que a uva Zinfandel pode produzir vinhos simplesmente deliciosos, com um estilo único da Califórnia.

David Lett (1940-)
Os grandes produtores de vinhos americanos não se limitam à Califórnia. Se não fosse pela convicção de David Lett de que a Pinot Noir era mais adequada a Oregon do que à Califórnia, Oregon poderia ter permanecido atrasado em relação à viticultura. Os Pinots que ele fez na década de 1970 triunfaram quando testados às cegas junto com Borgonhas *(pág 99)*, e Oregon se fortaleceu.

Randall Grahm (1953-)
Randall Grahm, do Bonny Doon Vineyard *(pág 81)* em Santa Cruz, tem a mente mais original e criativa de todos os viticultores americanos. No início dos anos 1980, ele iniciou uma revolução ao desprezar a Cabernet e a Chardonnay, muito comuns, pelas variedades mediterrâneas, principalmente do Rhône, e uvas um tanto fora de moda como a Riesling. Ele é um divulgador talentoso do grupo conhecido como Rhône Rangers *(pág 75)*, e convenceu consumidores do mundo todo a reavaliar o potencial do vinho californiano.

Helen Turley (1946-)
Helen Turley é uma enóloga que definiu o estilo dominante do vinho de primeira classe da Califórnia desde o início dos anos 1990: feito de uvas supermaduras, com riqueza de sabor de madeira para compensar a baixa acidez e o elevado teor de alcóolico, e engarrafado sem filtração. Turley é a mais conhecida de um grupo de consultores que foram importantes nos EUA quando mecenas decidiram ter vinhedos e vinícolas sem possuir experiência pessoal.

Leis e Áreas Vinícolas dos EUA

As regiões oficiais de vinhos nos EUA são chamadas de AVAs (American Viticulture Areas). Os rótulos podem conter um nome AVA se pelo menos 85% do vinho vier daquela área. Mas o uso de nomes AVA não é um sistema estrito de appellation *(denominação), como o são as classificações francesa AOC ou italiana DOC.*

O Sistema AVA

O sistema original de denominações de vinhos nos EUA foi baseado simplesmente em limites políticos como condados (municípios) ou estados – "Napa" significava Condado de Napa. Em 1978, porém, o Departamento de Álcool, Armas de Fogo e Tabaco (BATT, em inglês) publicou as primeiras leis e regulamentos para um sistema de Áreas Vitícolas baseado em considerações geográficas e climáticas. Isso complementou as denominações políticas, em vez de suplantá-las.

Em 2006 havia mais de 160 AVAs nos EUA, quase cem delas na Califórnia. Em muitos casos, os próprios viticultores requeriam a posição oficial de AVA. Algumas AVAs abrangem condados inteiros; outras podem incluir menos de 100ha.

Advertências sobre Álcool nos EUA

Um legado do movimento pela abstinência nos EUA é que o álcool é visto de modo mais negativo, em comparação com as atitudes em outros países consumidores de vinho. Os rótulos nos EUA devem, por lei, incluir uma advertência emitida pelo Ministério da Saúde, afirmando que "mulheres não devem beber álcool durante a gravidez" e "o consumo de bebidas alcoólicas prejudica sua capacidade de dirigir ou operar máquinas e pode causar problemas de saúde". Os websites dos produtores de vinho exigem que os leitores confirmem que têm mais de 21 anos antes de acessá-los. Alguns condados, principalmente no sul, são "secos", ou seja, não permitem a venda de bebida alcoólica.

Existem sub-AVAs dentro de outras, e seus limites podem se sobrepor. A AVA Green Valley, por exemplo, é um enclave na AVA Russian River Valley, que fica dentro da AVA Sonoma, que por sua vez se inclui na AVA North Coast California.

Denominações genéricas para estados inteiros e a palavra "American" também são amplamente adotadas e reconhecidas *(pág 19)*.

Limitações das AVAs

As AVAs diferem fundamentalmente dos sistemas de denominação europeus porque são simplesmente descrições geográficas, sem critério de qualidade. Na França, uma *appellation* como "St-Émilion Grand Cru" só pode ser usada para vinhos originários de alguns antigos e respeitáveis vinhedos e feitos de maneira altamente especializada. Nos EUA, em contraste, não há regras de AVA sobre as variedades cultivadas, as técnicas empregadas, a produção permitida ou o estilo dos vinhos produzidos.

De um lado, essa liberdade pode ser uma vantagem, pois permite que os produtores empreendedores experimentem métodos proibidos aos do Velho Mundo. De outro, os consumidores não têm indicações sobre o estilo e a qualidade, mesmo quando o rótulo inclui um nome famoso como "Oakville, Napa Valley". Além disso, há muitas denominações, um tanto, genéricas, como "American Burgundy" ou "American Chianti", que são permitidas pela lei federal mas têm pouco em comum com seus antecessores europeus *(pag 19)*.

"Hock" *ou* "rhine wine" *são termos permitidos pela legislação norte-americana para vinhos brancos leves e secos*

Como Ler o Rótulo de um Vinho Norte-Americano

Os produtores de vinhos nos EUA gostam de citar o tipo da uva (varietal) em seus rótulos, mas isso nem sempre é possível nos cortes. O nome da AVA ou da denominação geral indica de que parte do país se origina o vinho. Se você conhece as regiões vinícolas do país, isso pode lhe dar uma idéia caso esteja procurando um vinho de clima frio do Oregon, por exemplo, ou um grande vinho frutado da Califórnia – mas não é um indicador de qualidade. "Estate Bottled" significa que todas as uvas vêm de vinhedo determinado e que o vinho foi feito e engarrafado no local.

Vintage (safra) indica o ano em que as uvas foram colhidas.

O nome do produtor ou a marca podem contar muito na indústria vinícola dos EUA, na falta de qualquer garantia de qualidade das uvas.

Vinhos varietais têm o nome da uva escrito no rótulo. Este é um ponto importante para muitos vinhos norte-americanos.

AVA – Columbia Valley é a principal AVA do estado de Washington.

O teor alcoólico deve ser declarado por lei.

Denominações Gerais Permitidas nos Rótulos de Vinhos

TERMOS GENÉRICOS

Condado O nome do condado pode ser usado em um rótulo se pelo menos 75% do vinho forem originários do condado indicado.

Estado O nome do estado pode ser usado se pelo menos 75% do vinho vierem daquele estado, exceto a Califórnia, que exige 100%.

Multicondado/multiestado A porcentagem de vinho de cada condado ou estado deve estar claramente indicada.

American (ou USA) Uma descrição de misturas de varietais de qualquer parte dos EUA. Os rótulos não podem trazer a safra.

TERMOS SEMIGENÉRICOS

Os termos abaixo não têm definição legal nos rótulos, mas são permitidos quando qualificados com seu verdadeiro local de origem, como "California Champagne". Não têm semelhança com o chablis francês, o chianti italiano, o jerez espanhol etc.

Burgundy (Borgonha) Usado à vontade nos EUA para vinhos tintos básicos, geralmente bem encorpados e de cor intensa.

Chablis Vinho branco de mesa de vários cortes de uvas.

Champagne Vinho espumante.

Chianti Vinhos tintos básicos, semi-encorpados.

Claret Tinto básico, leve.

Madeira Qualquer vinho fortificado de 17% a 24%, geralmente uma mistura adocicada de cereja norte-americana e málaga.

Malaga Semelhante ao madeira, mas em geral feito de uvas Concord.

Marsala Fortificado, muitas vezes âmbar ou marrom, e aromatizado com ervas.

Moselle Vinho branco leve, muitas vezes de Chenin Blanc e Riesling.

Port (Porto) Vinhos fortificados feitos de diversas variedades de uvas, às vezes portuguesas (Tinta port). Alguns portos americanos são muito bons.

Sauterne(s) Vinhos doces.

Sherry (xerez) Vinhos doces, fortificados e oxidados.

Enquanto "burgundy" e outros termos semigenéricos são permitidos, as palavras "bordeaux", "rhône" e "liebfraumilch" são proibidas nos rótulos

VINHOS DA CALIFÓRNIA

Apresentação dos Vinhos da Califórnia

A CALIFÓRNIA *é o estado de origem de vinhos potentes e hedonísticos – um paraíso vitivinícola que continua se fortalecendo. Hoje o estado é responsável por cerca de 85% da produção total de vinhos dos EUA e cerca de 95% de suas exportações da bebida. A Califórnia é uma meca para produtores de Chardonnay e Cabernet Sauvignon, e seu rico* terroir *é capaz de sustentar uma coleção de vinhos tão diversificada quanto a que se encontra na Europa.*

Pioneiros na Califórnia

As primeiras pessoas que plantaram vinhas na Califórnia foram os missionários espanhóis que chegaram em 1769 *(veja quadro ao lado).* Em meados do século 19, colonos da Itália e da Alemanha plantavam no alto de encostas ensolaradas, na tentativa de reproduzir sua paisagem européia. Jean-Louis Vignes chegou de Bordeaux em 1833 e fundou a primeira vinícola comercial em Los Angeles, e em 1840 foi a primeiro a exportar vinhos californianos. George Yount *(pág 42)* foi o pioneiro do Vale do Napa. Outro indivíduo bastante importante na história da produção foi Agoston Haraszthy de Mokesa, um exilado político da Hungria. Na década de 1850, Haraszthy importou quase 170 variedades de vinhas da Europa e as plantou em 230ha perto da cidade de Sonoma.

Legenda

California

O sucesso de sua vinícola Buena Vista, juntamente com a personalidade exagerada de Haraszthy, chamaram a atenção do governador da Califórnia, que em 1861 pediu que Haraszthy estudasse as regiões de vinho da Europa. Ele visitou todas as regiões da França, Alemanha, Itália, Espanha e Suíça, entrevistando milhares de produtores e enólogos, e reunindo amostras e materiais de referência. Voltou à Califórnia com um número impressionante de mudas – cerca de 100 mil – de 300 variedades européias de *vinifera.* Em 1864 a Buena Vista foi descrita como "o maior vinhedo do mundo". O legado de Agoston Haraszthy foi mudar o rumo da viticultura na Califórnia.

Avanços no Século 20

Os golpes duplos da filoxera *(pág 11)* e da Lei Seca *(pág 119)* devastaram a indústria de vinhos dos EUA. Na era de prosperidade após a Segunda Guerra Mundial, a viticultura começou novamente a florescer, mas a indústria permaneceu reduzida até a década de 1960, quando começou o verdadeiro renascimento dos vinhos californianos. Robert Mondavi *(pág 16)* estabeleceu sua vinícola no Vale do Napa em 1966, e no início dos anos 1970 dois vinhos da Califórnia marcaram uma vitória surpreendente sobre grandes *cuvées* no chamado "Julgamento de Paris" *(pág 44).* O cenário estava pronto, e os produtores da Califórnia não olharam mais para trás.

Quady Winery, Central Valley

Págs 20-1 **Paisagem de outono no Vale do Napa**

Vista do vinhedo e vinícola Byron, com os montes Sierra Madre em Santa Barbara

Regiões de Vinho da Califórnia

A Califórnia tem uma série de áreas denominadas e subdistritos de vinhos (AVAs ou Áreas Vitícolas Americanas). Também tem cinco categorias de regiões climáticas, graduadas de 1, a mais fria, a 5, a mais quente. Desenvolvido pela Universidade da Califórnia em Davis, o sistema climático mede a quantidade de calor que cada região tem em "graus dia" por ano, o que ajuda os produtores a prever onde as diversas variedades de uvas vão prosperar.

A AVA North Coast, no norte da Califórnia, é a região vitícula mais importante. Ela inclui o fértil e produtivo Vale do Napa, que é classificado principalmente como região 2 na escala climática, e é a mais celebrada (mas não a maior) das áreas vinícolas da Califórnia. Os Cabernet Sauvignons do Vale do Napa podem atingir os níveis dos vinhos de Bordeaux na França. Das outras áreas importantes, a vizinha Sonoma, cuja maior parte é classificada como região 2, tem um clima e leque de uvas mais diversificado.

Na área central do estado da Califórnia, Monterey é ideal para as variedades Chardonnay e Riesling, enquanto o condado de Santa Barbara (também considerado região 2) está mostrando um potencial incrível para Chardonnay, Pinot Noir e Syrah. Mais para o interior é o domínio dos Zinfandel de "combate" e dos vinhos fortificados dos Sierra Foothills, e vastas quantidades de vinhos simples, mas passáveis, do quentíssimo Central Valley (região 5).

Hoje a Califórnia abriga pelo menos 800 vinícolas, que vão do condado de Mendocino, na AVA North Coast, até a fronteira mexicana, na parte mais meridional do estado.

O Pai do Vinho Californiano

O padre Junipero Serra (1713-84), um frade franciscano nascido na ilha de Mallorca, Espanha, é considerado por muitos o pai do vinho californiano. Ele veio para a América em 1749, inicialmente para a Cidade do México e a Baja Peninsula, e em 1769 acompanhou o governador Gaspar de Portolà em uma expedição à Nueva California. Quando o grupo chegou a San Diego, Junipero Serra resolveu se instalar na região e fundar ali uma missão. Apesar de ele mesmo evitar alimentos fortes e vinho, plantou um vinhedo em San Diego para fazer vinho para missas. A variedade que ele plantou tornou-se conhecida como Mission e foi a principal cultivada na Califórnia até cerca de 1880.

COSTA NORTE DA CALIFÓRNIA

COSTA NORTE DA CALIFÓRNIA

ESTENDENDO-SE AO NORTE DE SAN FRANCISCO *até o topo do condado de Mendocino, a região da Costa Norte tem aproximadamente 150km de comprimento e 80km de largura. Embora denominada como AVA (American Viticulture Area), é mais conhecida pelos distritos vitícolas em seu interior, que também são denominados como AVAs. A mais importante é o famosíssimo Vale do Napa, seguido do vizinho Sonoma. O condado de Mendocino, juntamente com Lake County, e partes dos condados de Marin e Solano também têm suas próprias AVAs.*

Legenda

AVA North Coast – California

O Vale do Napa

O vale mais largo do condado de Napa é uma região vinícola relativamente pequena – apenas um oitavo do tamanho de Bordeaux, na França –, mas tornou-se um nome conhecido no mundo do vinho. As primeiras vinhas foram plantadas no vale em 1838 por George Yount *(pág 42)*. A proximidade de Napa com San Francisco, onde o vinho era um produto popular em meados do século 19, seu solo variado e o clima favorável atraíram diversos produtores. Na década de 1880, cerca de metade do vale era ocupada por vinhedos.

Entre as primeiras vinícolas comerciais estavam Charles Krug (1861), Schramsberg (1862), Beringer (1876) e Inglenook (1879). Essas empresas sofreram com o inseto filoxera *(pág 11)*, mas conseguiram fazer vinhos razoáveis até 1920, quando a aplicação da Lei Seca na Califórnia levou ao abandono da maioria dos vinhedos de Napa.

Depois da Segunda Guerra Mundial, foi formada uma dinâmica organização comercial, a Napa Valley Vintners, com o objetivo de promover seus vinhos no país e no exterior. Em 1966 Robert Mondavi *(pág 16)*, que havia trabalhado para sua família na vinícola Krug, separou-se da firma e escolheu Oakville, no Vale do Napa, para instalar uma nova vinícola, que se tornou um estabelecimento inovador *(pág 43)*. Mondavi foi um dos primeiros produtores americanos a rotular seus vinhos como varietais, e seu esforço para educar outros sobre as melhores técnicas de vinificação e fabrico de vinho elevou os padrões em Napa e outros lugares.

Na década de 1970, Warren Winiarski, discípulo de Mondavi *(pág 17)*, fundou a Stag's Leap Wine Cellars *(pág 44)* em uma área fértil do vale a sudoeste de Oakville. A alta qualidade de um Cabernet Sauvignon da Stag's Leap – que venceu os melhores vinhos de Bordeaux e da Borgonha em uma histórica degustação às cegas em 1976 – ajudou ainda mais a chamar a atenção do mundo para o vale.

Desde os anos 1970, quase todos os espaços diminutos de terra disponíveis no vale – cerca de 15 mil ha – foram ocupados por videiras. Elas representam 11% dos vinhedos da Califórnia, mas devido ao baixo rendimento somente 4% de sua produção é de vinhos. As vinícolas (260 em 2006) vão desde grandes corporações que empregam métodos de alta tecnologia até vinícolas-butiques que usam técnicas modernas para criar quantidades limitadas de vinhos de classe internacional.

Págs 24-5 **Vinhedo nos sopés dos montes Macayama, Knights Valley, Sonoma County**

Propriedade de Joseph Phelps em St Helena, Vale do Napa

Sonoma County

Já havia vinhedos em Sonoma cerca de 13 anos antes de serem plantados em Napa, mas o condado foi rapidamente ultrapassado por seu vizinho sofisticado. Somente em 1969, quando Russell Green assumiu a vinícola Simi, a região tornou-se famosa por produzir vinhos varietais de alta qualidade. Os produtores de Sonoma mudaram de atitude e de métodos, e novos concorrentes logo surgiram. Piper Heidsieck, da Champagne, a vinícola espanhola Torres e a Freixenet, produtora de Cava, foram as pioneiras. Em 1985 havia 93 vinícolas em Sonoma; em 1995 já eram 160. Hoje Sonoma é uma das AVAs mais importantes dos EUA, produzindo vinhos que rivalizam com os de Napa.

Mendocino e Outros Condados

Durante décadas, o principal papel de Mendocino, a área de plantio mais setentrional da Califórnia, foi fornecer uvas para os grandes produtores mais ao sul, que podiam comprar uvas de ótima qualidade por preços atraentes para vinhos básicos. Robert Mondavi, Beringer e Duckhorn têm vinhedos aqui. Mas, à medida que a região foi se desenvolvendo, viticultores menores chegaram para estabelecer suas próprias vinícolas.

Lake County fica ao redor do maior lago natural da Califórnia e fornece principalmente uvas Cabernet Sauvignon e Sauvignon Blanc para vinícolas em outros locais. Os condados de Marin e Solano têm um punhado de vinhedos e vinícolas que produzem principalmente Pinot Noir.

VINCENT GASNIER TOP 10

Bons Vinhos Tintos dos EUA

1. **Opus One** Vale do Napa *pág 42*
2. **Dominus: Cabernet Sauvignon** Vale do Napa *pág 39*
3. **Ridge Vineyards: Monte Bello** Baía de San Francisco *pág 80*
4. **Kistler: Pinot Noir** Sonoma *pág 54*
5. **Williams Selyem: Pinot Noir** Sonoma *pág 55*
6. **Abreu: Cabernet Sauvignon** Vale do Napa *pág 45*
7. **Caymus: Cabernet Sauvignon** Vale do Napa *pág 37*
8. **Colgin** (tintos variados) Vale do Napa *pág 37*
9. **Harlan Estate** (tintos variados) Vale do Napa *pág 40*
10. **Pinot Noir** Willamette Valley *pág 107*

Mapa Vinícola da Costa Norte

As AVA's da Costa Norte são áreas topográficas com sub-regiões distintas. Em Sonoma, porém, os limites são mais complexos, com sub-regiões divididas em outras sobrepostas. Neste mapa, os produtores são listados em ordem alfabética sob sua AVA principal – Vale do Napa, Sonoma ou Mendocino. Nomes de sub-AVAs (por exemplo, Stags Leap, Russian River Valley) são destacados quando há relevância.

GRANDES PRODUTORES E AVAs

Napa Valley *págs 30-3*

Araujo *pág 36*
Beaulieu Vineyard *pág 36*
Beringer *pág 36*
Caymus Vineyards *pág 37*
Chateau Montelena *pág 37*
Colgin *pág 37*
Cuvaison *pág 38*
Dolce Vineyard *pág 38*
Domaine Carneros *pág 38*
Domaine Chandon *pág 38*
Dominus *pág 39*
Duckhorn Vineyards *pág 39*
Far Niente *pág 40*
Frog's Leap *pág 40*
Harlan Estate *pág 40*
Heitz Cellar *pág 40*
Hendry *pág 41*
Joseph Phelps *pág 41*
Kongsgaard *pág 41*
Merryvale *pág 41*
Mumm Napa *pág 42*
Opus One *pág 42*
Patz & Hall *pág 42*
Robert Mondavi *pág 43*
Shafer *pág 44*
Spottswoode *pág 44*
Stag's Leap Wine Cellars *pág 44*
ZD Wines *pág 45*

Sonoma *págs 48-9*

Arrowood *pág 50*
Chateau St. Jean *pág 50*
Cline *pág 50*
Clos du Bois *pág 51*
Ferrari-Carano *pág 51*
Gallo of Sonoma *pág 52*
Gary Farrell *pág 52*
Gloria Ferrer *pág 52*
Iron Horse *pág 52*
Kendall-Jackson *pág 53*
Kenwood *pág 53*
Kistler *pág 54*
Marimar Torres *pág 54*
Peter Michael *pág 54*
Ravenswood *pág 54*
Windsor Vineyards *pág 55*

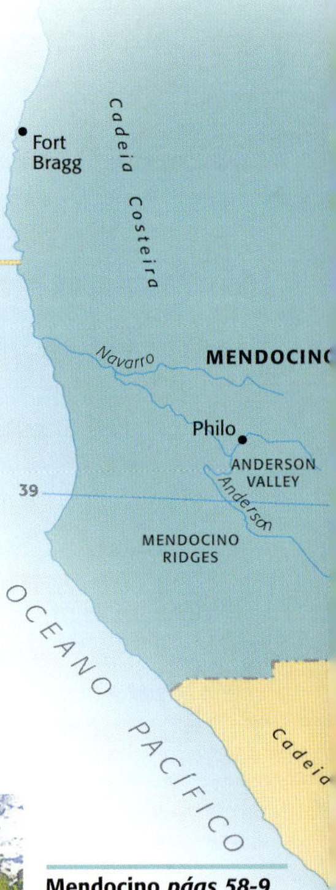

Mendocino *págs 58-9*

Fetzer *pág 60*
Greenwood Ridge *pág 60*
Handley Cellars *pág 61*
McDowell Valley Vineyards *pág 61*
Monte Volpe *pág 62*
Navarro *pág 62*
Roederer Estate *pág 62*
Scharffenberger Cellars *pág 63*

Lake County *pág 59*

Guenoc Estate *pág 63*

Poda de videiras nos vinhedos Beringer, Vale do Napa

Entre as boas safras recentes na Costa Norte da Califórnia estão as de 1994, 1995, 1997, 1999, 2001, 2003, 2004 e 2005

Informações Regionais Básicas

Latitude 38-40°N.

Altitude 20-700m. O fundo dos vales está próximo do nível do mar, enquanto as terras nas montanhas de Sonoma e Mendocino podem chegar a 600m. Os vinhedos no monte Spring são ainda mais altos.

Topografia As vinhas são plantadas nos leitos e nas encostas mais baixas dos vales que correm geralmente no sentido norte-sul. Napa é o maior rio do vale, e o rio Russian percorre trechos de Sonoma e Mendocino. A terra próxima aos rios tende a ser fértil demais para a boa viticultura, mas os terraços podem ter condições ideais.

Solo Extremamente variado, com predomínio de argila e calcário.

Clima Os invernos podem ser chuvosos; os verões tendem a ser muito quentes; os outonos geralmente são agradáveis e secos.

Temperatura Em julho (verão), média de 22°C.

Chuvas Média anual de 950mm.

Problemas para a viticultura Geadas na primavera, seca e doença de Pierce.

Vinhos Gloria Ferrer, Sonoma

Áreas Vinícolas do Vale do Napa

O Vale do Napa forma um arco entre a cidade de Napa, na extremidade sul, seguindo uma trajetória de cerca de 50km ao norte até Calistoga. O fundo do vale é muito plano, ladeado por encostas que levam a montanhas cobertas de árvores. Há várias zonas climáticas bastante distintas. A extremidade sul do vale, incluindo Carneros e Oakville, é a área mais fria devido à proximidade da baía de San Francisco, cuja neblina invade a terra. O meio do vale, de Oakville até St Helena, tem um ponto quente ao redor de Calistoga. Os vinhedos no fundo do vale têm solo rico, precipitações medianas, um longo período quente de amadurecimento e apresentam muito pouco risco de geadas. Os vinhedos que crescem nas encostas mais altas experimentam temperaturas mais frias, diferentes tipos de solo e correm o risco de geadas. Todos esses fatores resultam em vinhos com características distintas em partes diferentes do vale, e há muitas sub-AVAs além da AVA Napa Valley. As mais importantes destas são descritas nas próximas páginas. Em todo o vale, reina a Cabernet Sauvignon, combinando a fruta opulenta com estrutura de taninos firmes e mais potência e corpo que os vinhos de Bordeaux. Merlot, Syrah e Zinfandel também são excelentes. Entre as brancas, a Chardonnay é a mais marcante.

Rótulo de Frog's Leap, Rutherford

Cascalho, marga, areia, sedimento vulcânico, argila, xisto, tufo *Cabernet Sauvignon, Syrah, Merlot, Pinot Noir, Sangiovese, Zinfandel* *Sauvignon Blanc, Chardonnay* *tinto, branco, espumante*

Vinhos *Cult* de Napa

Todo ano a imprensa divulga mais um preço astronômico pago por uma garrafa de um Cabernet *cult* de Napa. Em 2000, uma *magnum* de Screaming Eagle 1996 alcançou mais de US$10 mil em um leilão de caridade em Napa. A maioria dos vinhos *cult* é produzida em quantidades reduzidas por consultores vinícolas contratados por salários enormes. Esses vinhos ricos, com sabor de carvalho, recebem notas quase perfeitas dos críticos, o que os torna altamente raros. A maioria é de qualidade excepcional, mesmo que em geral venham do mesmo molde: altamente concentrados e embebidos em carvalho francês novo. A maior parte do sucesso vem da extravagância dos colecionadores de vinhos norte-americanos, que se reúnem todos os anos no Leilão de Vinhos do Vale do Napa para disputar os melhores da região.

Rutherford

Este é o núcleo histórico do Vale do Napa, onde Inglenook, Beaulieu *(pág 36)* e outras vinícolas célebres foram implantadas no século 19. Esta AVA abriga alguns dos vinhedos mais valorizados dos EUA, além de algumas das principais vinícolas da Califórnia. Os vinhos são muito procurados e caros. A Cabernet Sauvignon tem ótimo desempenho, dando vinhos untuosos, profundos e longevos: alguns Rutherford Cabernets das décadas de 1940 e 50 ainda estão muito agradáveis. Acredita-se que o sucesso do Rutherford esteja no solo de cascalho e marga (calcário argiloso) e nos terraços bem drenados no sopé das montanhas Mayacama, a oeste da cidade de Rutherford.

Em 2006 havia 14 sub-AVAs no Vale do Napa, mas nem todos os produtores usam os nomes de AVA em seus rótulos

Os vinhedos mais próximos ao Vale do Napa têm solo mais rico e podem ter superprodução.

St Helena e Calistoga

Imediatamente ao norte de Rutherford, a AVA St Helena estende-se um pouco ao norte da cidade de mesmo nome. Como Rutherford, este é um território de vinhos tintos, embora também se plantem algumas uvas brancas. St Helena é ligeiramente mais quente que Rutherford, mas ainda é capaz de oferecer notáveis Cabernet Sauvignons ricos e elegantes. Muitas antigas vinícolas de Napa estão baseadas aqui: entre elas Beringer *(pág 36)*, Charles Krug e Freemark Abbey. A continuação ao norte é a área quente ao redor de Calistoga, que, embora não seja oficialmente uma AVA, é renomada por seus potentes tintos de propriedades como Chateau Montelena *(pág 37)* e Araujo *(pág 36)*.

Oakville

Foi Robert Mondavi *(págs 16 e 43)* quem colocou no mapa a AVA Oakville, quando construiu aqui uma vinícola em estilo espanhol na década de 1960. O distrito abriga algumas das mais conhecidas vinícolas do vale: To-Kalon, de propriedade majoritária de Mondavi, e Martha's Vineyard, que fornece uvas para a Heitz *(pág 40)* no Vale do Napa. Essas áreas em terraços são semelhantes às célebres terras de Rutherford. Também aqui se situam os vinhedos Opus One *(pág 42)*, uma *joint venture* Mondavi/Rothschild. O Cabernet Sauvignon de Oakville muitas vezes revela mais especiarias, embora menos força, que o de Rutherford. O clima é ligeiramente mais fresco aqui do que ao norte, por isso as uvas brancas, especialmente Sauvignon Blanc e Chardonnay, podem dar resultados excepcionais.

Yountville

A mais meridional das regiões de vinho tinto do Vale do Napa, a AVA Yountville é claramente mais fria que Oakville e as regiões mais ao norte. A Dominus *(pág 39)* é a vinícola mais conhecida, mostrando que os tintos encorpados, no estilo Bordeaux, podem ser produzidos em seus solos de marga bem drenados.

Vinícola de Robert Mondavi, em Oakville

Colinas verdejantes de Carneros, de antiga colonização mexicana

Stags Leap

Situado a leste de Yountville e encostado à cordilheira de Vaca, o distrito de Stags Leap destacou-se quando um Cabernet Sauvignon daqui ganhou o histórico "Julgamento de Paris" em 1976 *(pág 44)*. Ele foi oficializado AVA em 1989, em reconhecimento por seus solos únicos, que são diferenciados e de cor avermelhada, com subsolo vulcânico e formações rochosas salientes nas encostas. O distrito é pequeno (1.093ha), constituindo apenas 1% da AVA Napa Valley, mas ganhou renome mundial por causa da elegância de seus Cabernets.

Abriga algumas das grandes vinícolas norte-americanas, incluindo Shafer e Stag's Leap Wine Cellars *(pág 44)*, cuja elegância de seus vinhos pode ser atribuída ao padrão complexo do fluxo de ar sobre as colinas e serras dos vinhedos no oeste e sudoeste, que canaliza o ar frio da baía de San Pablo durante a tarde, evitando o aquecimento excessivo das vinhas. Em conseqüência, os vinhos dessa área são suaves, mas têm estrutura para envelhecer bem. Outra teoria diz que a coluna de 350m de rochas basálticas (o lendário "Stag's Leap", ou "salto do cervo") a leste do distrito retém o calor do sol da tarde e o alivia lentamente à noite, beneficiando os vinhedos nas encostas abaixo.

Howell Mountain e Atlas Peak

No alto da cordilheira de Vaca, o monte Howell domina St Helena; o pico Atlas fica sobre Stags Leap. Seu mesoclima difere das regiões no fundo do Vale do Napa não apenas por causa de sua elevação (entre 300m e 600m), mas também porque estão acima da linha de neblina que entra da baía de San Francisco. Elas não têm o efeito "ar-condicionado" da neblina e suas temperaturas à noite são inferiores. O Howell é renomado por seus Cabernets e Zinfandels, que brotam em um estilo forte e encorpado. Podem não ter elegância, mas compensam em potência e intensidade. Há somente uma propriedade na AVA Atlas Peak, que tem o nome do distrito e pertence à produtora Antinori, da Toscana. A AVA Chiles Valley é outra região de cultivo nessas montanhas, mas tem poucos vinhedos importantes.

Mount Veeder e Spring Mountain

Essas duas AVAs estão localizadas nos montes Macayama, na fronteira com o Sonoma County. Elas ficam em frente a Howell Valley e Atlas Peak, do outro lado do Vale do Napa, com elevação semelhante e também livres da típica neblina da baía de San Francisco. Mount Veeder é plantada com Cabernet, Merlot e um pouco de Chardonnay. Seus tintos podem ser fortes e tânicos. A maravilhosa Spring Mountain, com seus solos vulcânicos erodidos, produz vinhos ligeiramente mais suaves que os de Mount Veeder. As vinícolas mais conhecidas de Spring Mountain são Newton, Kennan, Cain, Togni e Stony Hill.

Carneros

Os montes cobertos de capim da AVA Carneros, próxima à baía de San Pablo, incluem a área vinícola mais meridional do Vale do Napa, um distrito compartilhado com o Sonoma County. O nome do local foi dado graças às criações de carneiros que havia na região até a década de 1980. Depois, a região privilegiou a produção de vinhos. Muito mais frio que o fundo do vale, devido à proximidade das brisas e neblina do Pacífico, Carneros não é adequado para Cabernet Sauvignon, mas Merlot e Syrah dão bons resultados em áreas específicas da região. São cultivadas principalmente com Chardonnay e Pinot Noir, que são vinificadas como vinho ou espumante. As casas de vinhos espumantes Taittinger, francesa, e Codorníu, espanhola, fundaram propriedades em Carneros.

VINCENT GASNIER TOP 10 Grandes Produtores de Napa

1. **Araujo** *pág 36*
2. **Beaulieu** *pág 36*
3. **Dominus** *pág 39*
4. **Shafer** *pág 44*
5. **Opus One** *pág 42*
6. **Spottswoode** *pág 44*
7. **Stag's Leap Wine Cellars** *pág 44*
8. **Joseph Phelps** *pág 41*
9. **Chateau Montelena** *pág 37*
10. **Duckhorn** *pág 39*

Pinot Noir: a Uva Apaixonante

Os admiradores dessa uva de grande dificuldade de adaptação adoram discutir qual região vinícola da Califórnia produz o melhor Pinot Noir. Não há uma resposta definitiva, mas os principais candidatos geralmente são considerados o Sonoma County *(pág 49)*, Carneros *(acima)*, que delimita com os condados de Napa e Sonoma, e o Russian River Valley *(pág 48)*. A Sonoma Coast foi plantada recentemente e é impossível ter certeza de seu potencial, mas seus Pinot Noirs podem ter um perfume refinado e pureza considerável; o Carneros, embora fresco e frutado, é complexo e longevo; e o Russian River Valley produz vinhos com mais arestas, com nuances de Borgonha e capacidade de envelhecer a médio prazo. Há outras áreas dignas de nota das regiões central e sul, mas a AVA North Coast é a que tem o mais antigo histórico com essa uva. O Pinot Noir da Califórnia raramente se compara ao Borgonha, mas a combinação de locais selecionados e viticultura sensível começa a produzir alguns vinhos de qualidade internacional.

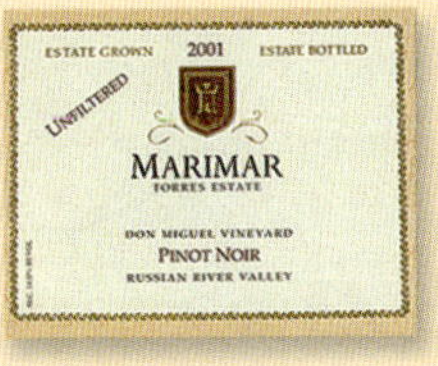

Rótulo de Pinot Noir

Passeio Vinícola pelo Vale do Napa

Trinta anos atrás o Vale do Napa era uma área rural isolada. A fama de seus vinhedos e a proximidade com San Francisco, porém, combinaram-se para torná-lo uma das maiores atrações turísticas do país. Um grande número de visitantes procura as simpáticas salas de degustação, assim como as boas delicatessen e restaurantes, clubes de campo e pousadas luxuosas. O trajeto mais comum segue a estrada principal, Highway 29. Se ela estiver muito cheia, pegue a alternativa Silverado Trail, que mantém o charmoso caráter rural.

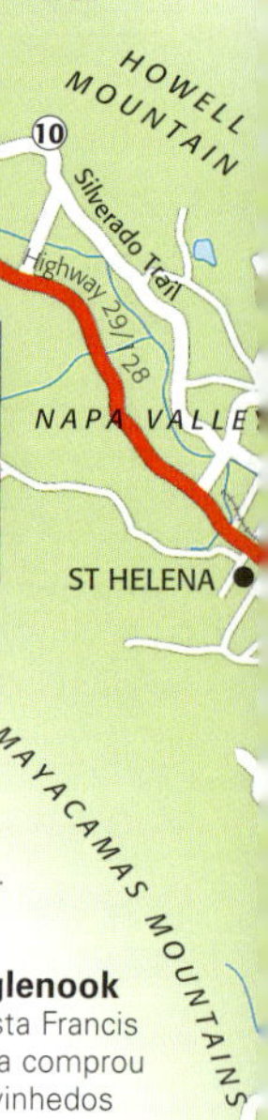

1 Copia

O elegante centro da região para vinhos, gastronomia e artes situa-se às margens do rio Napa. O ingresso inclui aula de vinho e o centro abriga exposições especiais, jantares, degustações e outros eventos. ✆ *707 259 1600 • www.copia.org*

Dicas para Visitantes

Route *Esse passeio de 65km começa em Napa e segue a Highway 29 até Calistoga. Para uma rota circular, volte a Napa pela mais tranqüila Silverado Trail.*

Duração *Vai levar um dia inteiro, ou para fazer uma visita mais prazerosa passe uma noite lá.*

Vinícolas *A maioria das vinícolas de Napa tem uma sala de degustação, e algumas têm mesas de piquenique onde você pode desfrutar um almoço frugal. Muitos produtores cobram uma pequena taxa para degustar, restituída se você comprar uma garrafa de vinho.*

Hotéis *O luxuoso Meadowood Resort em St Helena é bem espaçoso.* ✆ *www.meadowood.com; o Rancho Caymus em Rutherford tem ambiente acolhedor e localização central.* ✆ *www.ranchocaymus.com; o Inn at Southbridge, em St Helena, é barato, moderno, confortável e funcional.* ✆ *707 967 9400*

2 Trem do Vinho de Napa

O luxuoso Napa Wine Train *(acima)* oferece a maneira mais fácil de conhecer o vale. O trem faz um *tour* sem escalas da estação de Napa a St Helena e volta. Há degustação de vinhos e refeições organizadas para entreter os passageiros durante o passeio de três horas. ✆ *707 253 2111 • www.winetrain.com*

3 Coleção Hess

A vinícola de pedra dos irmãos Christian, do início do século 20, foi arrendada pelo magnata suíço Donald Hess em 1986. Há degustação de vinhos e passeios pela propriedade assim como sua notável coleção de arte contemporânea. ✆ *707 255 1144 • www.hesscollection.com*

4 Robert Mondavi

A vinícola Robert Mondavi *(à direita)* é um ponto de referência local e oferece as melhores e mais detalhadas visitas a vinícolas do vale. Algumas se concentram nos aspectos da elaboração, outras nas complexidades da degustação ou harmonizações com alimentos. Reserve antes. *(pág 43)*

5 Old Inglenook

O cineasta Francis Ford Coppola comprou alguns dos vinhedos históricos de Rutherford e a antiga vinícola Inglenook, que ele transformou em um museu dedicado à história da propriedade. O museu inclui uma coleção de *memorabilia* dos filmes do diretor. ✆ *1 800 782 4266 • www.rubiconestate.com*

6 Tra Vigne Restaurant

Este antigo e espaçoso restaurante em St Helena é uma excelente opção para almoço e jantar. A cozinha em estilo mediterrâneo é acompanhada de uma boa carta de vinhos, vendidos por garrafa ou por taça. Os preços são razoáveis e é essencial fazer reserva. ✆ *703 963 4444* • *www.travignerestaurant.com*

7 Clos Pegase

Quando o arquiteto Michael Graves ganhou o concurso para construir esta vinícola, alguns vizinhos tentaram impedi-lo. A estrutura em estilo cretense *(acima)*, cercada pela coleção de escultura moderna do proprietário, Jan Shrem, foi construída em 1987. É a vinícola mais polêmica de Napa, ao mesmo tempo amada e odiada. Faça um passeio de um dia e decida por si mesmo. ✆ *707 942 4981* • *www.clospegase.com*

8 Sterling Vineyards

A espetacular vinícola da Sterling Vineyards é baseada nos edificações brancas típicas das ilhas gregas. O acesso ao topo do morro é feito por teleférico, e diariamente há passeios e degustações de uma excelente gama de vinhos varietais. ✆ *1 800 726 6136* • *www.sterlingvineyards.com*

9 Calistoga

Há fontes termais com banhos de lama terapêutica e a oportunidade de desfrutar um passeio de balão de duas horas *(acima)* sobre os vinhedos enquanto toma um café-da-manhã com champanhe. ✆ *www.calohwy.com/b/balloons.htm*

10 Silverado Trail

Entre 1858 e 1875 havia exploração de prata na região, daí o nome da estrada. Robert Louis Stevenson escreveu *Silverado Squatters* depois de ficar em uma cidade-fantasma próxima em 1880. O autor e a época são o tema de um museu em St Helena. ✆ *www.silveradomuseum.org*

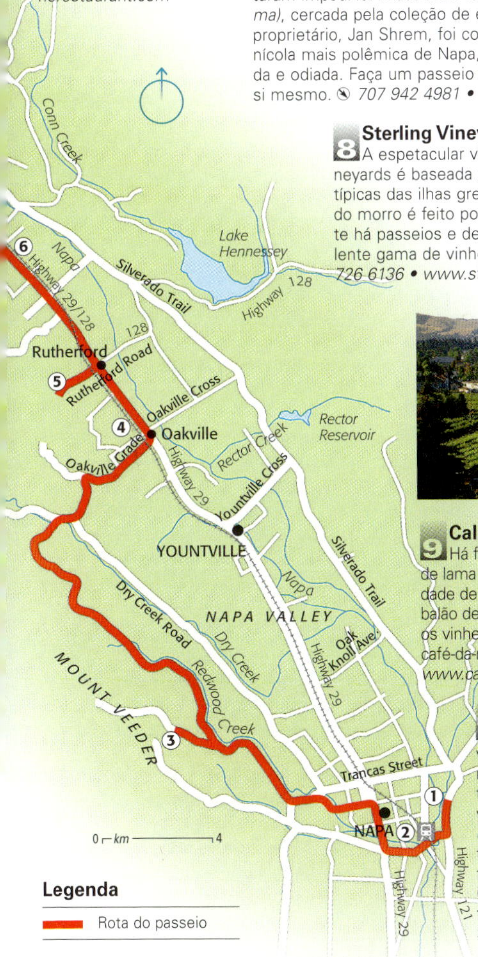

Em 1883, depois de visitar o Vale do Napa, Robert Louis Stevenson descreveu o vinho local como "melhor que um Beaujolais, e não diferente"

Vinhas em Carneros, no Vale do Napa

Grandes Produtores do Vale do Napa

Araujo
Vale do Napa / Calistoga

Conhecida como Eisele Vineyard nos anos 1970 e 1980, esta propriedade foi a fonte de um excelente Cabernet Sauvignon para Ridge *(pág 80)* e Phelps *(pág 41)*. No início da década de 1990 foi comprada por Bart e Daphne Araujo, que são típicos da nova geração de empreeendedores em Napa. Declarando firmemente seu compromisso de fazer vinhos soberbos nesse local excepcional, os Araujo empregam métodos orgânicos no vinhedo e acrescentaram Sauvignon Blanc e Syrah a sua gama. Os vinhos são consistentemente superiores, especialmente os tintos, com aromas tipicamente locais de groselha, chocolate e azeitonas pretas. *2155 Pickett Rd, Calistoga • 707 942 6061 • www.araujoestatewines.com* ■ *tinto, branco ★ Eisele Vineyard: Cabernet Sauvignon, Syrah, Sauvignon Blanc, Viognier*

Beaulieu Vineyard
Vale do Napa / Rutherford

Esta propriedade legendária foi fundada pelo francês Georges de Latour em 1899. Outro vinicultor lendário, André Tchelitscheff *(pág 76)*, produziu magníficos Cabernets aqui nos anos 1950 e 1960. A qualidade despencou nos anos 1970, mas hoje, sob a gigante Diageo, os padrões voltaram a melhorar. As opções varietais básicas são corretas, embora não excitantes, mas a Signet Collection oferece cortes nos estilos Rhône e Sangiovese de grande personalidade. *1960 St Helena Hwy, Rutherford • 707 967 5230 • www.bvwines.com* □ *tinto, branco, espumante ★ Private Reserve Cabernet*

Beringer
Vale do Napa / St Helena, Yountville e outras áreas

A histórica vinícola Beringer em St Helena data dos anos 1880 e é a mais antiga em operação ininter-

VINCENT GASNIER TOP 10

Grandes Chardonnays da Califórnia

1. **Shafer: Red Shoulder Ranch Chardonnay** Vale do Napa *pág 44*
2. **Far Niente** (vários Chardonnays) Vale do Napa *pág 40*
3. **Patz & Hall** (vários Chardonnays) Vale do Napa *pág 42*
4. **Stag's Leap Wine Cellars: Arcadia Vineyard Chardonnay** Vale do Napa *pág 44*
5. **ZD Wines** (vários Chardonnays) Vale do Napa *pág 45*
6. **Cuvaison: Chardonnay Carneros** Vale do Napa *pág 38*
7. **Blackjack Ranch** (vários Chardonnays) Santa Barbara *pág 85*
8. **Au Bon Climat: Harmony Nuits-Blanches au Bouge** Santa Barbara *pág 84*
9. **Beringer: Sbragia Family Vineyards Chardonnay** Vale do Napa *acima*
10. **Chalk Hill: Estate Chardonnay** Sonoma *pág 55*

rupta na região. O lugar já foi propriedade de uma série de empresas, sendo a mais recente o grupo australiano Beringer Blass. Embora a companhia compre uvas de toda a Califórnia, seus maiores interesses estão em Napa. Ed Sbragia é há muito tempo o enólogo chefe, dando um caráter generoso de madeira a todos os vinhos. Os melhores são os cortes tipo Bordeaux conhecidas como Alluvium, e as Private Reserves, que têm excelente capacidade de envelhecimento. Uma curiosidade aqui é o Nightingale, um vinho doce feito de Sauvignon Blanc e Sémillon que foram artificialmente induzidas pela botrítis. *2000 Main St, St Helena • 707 963 4812 • www.beringer.com* *tinto, branco ★ North Coast Zinfandel, Private Reserve Merlot, Sbragia Family Vineyards*

Nightingale da Beringer

Caymus Vineyards

Vale do Napa / Rutherford

Fundada por Charlie Wagner em 1972 e hoje dirigida por seu filho Chuck, a Caymus se supera no Cabernet Sauvignon. As condições dos três tipos de solo que formam a propriedade de 25ha são constantemente avaliadas para utilizar ao máximo suas qualidades. A combinação de atenção ao detalhe e experiência funciona: o Special Selection Cabernet Sauvignon é um dos mais aplaudidos vinhos finos da Califórnia. Conundrum, uma mistura de brancos desenvolvida pela Caymus nos anos 1990, ainda é uma marca de propriedade dos Wagner, mas a vinícola em Rutherford hoje é dedicada ao Cabernet. *Conn Creek Rd, Rutherford • 707 963 4202 • www.caymus.com* *tinto, branco ★ Napa Valley Cabernet Sauvignon, Special Selection Cabernet Sauvignon*

Chateau Montelena

Vale do Napa / Calistoga, Mount Veeder

Esta vinícola do século 19 foi restaurada por James Barrett, cujo filho Bo é enólogo desde 1981. Foi o Chardonnay 1973 da Chateau Montelena que ganhou o maior prêmio para brancos no histórico "Julgamento de Paris" em 1976 *(pág 44)*. O principal vinho hoje é o intenso e magistral Estate Cabernet Sauvignon, enquanto o mais barato Calistoga Cuvée é feito de uvas compradas. O Chardonnay atípico quase não tem carvalho e, apesar de austero, quando jovem pode envelhecer bem. *1429 Tubbs Lane, Calistoga • 707 942 5105 • www.montelena.com* *tinto, branco ★ Calistoga Cuvee, Cabernet Sauvignon, Montelena Estate Zinfandel, Napa Valley Chardonnay*

Colgin

Vale do Napa

É uma pena a recente mudança de Ann Colgin para pedidos só por e-mail, pois geralmente há uma fila de espera de 4 mil clientes. O método operacional da Colgin mostra o tipo de dedicação necessário para se tornar um ator principal na viticultura da Califórnia. Colgin traz regularmente geólogos para avaliar a condição de seu *terroir*, e muitas vezes busca outras equipes para dar um segundo diagnóstico. Juntamente com essa incansável abordagem científica há uma boa dose de estilo, como mostram suas embalagens desenhadas por David Linley. *8700 Conn Creek Rd, Rutherford • 707 963 0999 • www.colgincellars.com* *tinto ★ IX Estate, Herb Lamb Vineyard Cabernet Sauvignon, Tychson Hill, Cariad Napa Valley Red Wine*

O Playground do Napa

O Vale do Napa tornou-se uma espécie de playground para os ricos e famosos; vinícolas de todos os tipos e estilos competem para ser a maior, a melhor ou apenas a mais diferente. Em Calistoga, a **Clos Pegase** ostenta uma villa em estilo de Creta, e a **Sterling Vineyards** oferece uma viagem de teleférico até suas construções brancas, em estilo mediterrâneo, situados no alto da montanha *(pág 35)*. A vinícola em estilo espanhol de Robert Mondavi, construída nos anos 1960, localiza-se em Oakville, com o mundialmente famoso vinhedo **Opus One** plantado em frente *(págs 42-3)*. Em Rutherford, o cineasta Francis Ford Coppola comprou a vinícola **Old Inglenook** *(pág 34)* em 1975 e criou suas próprias marcas de vinhos. Hoje chamado **Rubicon Estate** (www.rubiconestate.com), o castelo do século 19 restaurado inclui um museu com *memorabilia* dos filmes de Coppola, incluindo seus cinco Oscar.

Cuvaison
Vale do Napa / Carneros e Mount Veeder

Jay Schuppert e Steven Rogstad atribuem o sucesso de sua propriedade à neblina matinal do vale, que impede que as uvas se aqueçam depressa demais. Todas as uvas da Cuvaison são colhidas a mão em suas belas terras em Carneros e no Brandlin Ranch em Mount Veeder. O último possui uma marga com cascalho e argila, e cultiva Cabernet Sauvignon. A Chardonnay, cultivada no solo de argila dura em Carneros, é a principal variedade da Cuvaison e é envelhecida em tonéis de carvalho franceses. A vinícola também compra uvas de outros vinhedos no vale. *4550 Silverado Trail North, Calistoga • 707 942 6266 • www.cuvaison.com* ☐ *tinto, branco, sobremesa* ★ *Estate Selection Chardonnay, Pinot Noir, Napa Valley Carneros, Cuvaison BMV Zinfandel*

Dolce Vineyard
Vale do Napa

Greg Alien tomou a decisão certa em 2000 quando escolheu entre a profissão de curar lesões esportivas e um emprego na Far Niente *(pág 40)*. Em um ano, Allen foi promovido a enólogo no Far Niente's Dolce Vineyard, aos pés dos montes Vaca – que declara ser a única vinícola da América do Norte dedicada a um único vinho de sobremesa, de colheita tardia. Inspirado nos grandes vinhos Sauternes da França, o Dolce é feito de uma mistura de uvas Sémillon e Sauvignon Blanc, que são expostas ao fungo benéfico *Botrytis cinerea*, ou "podridão nobre". Em alguns anos produzem até 3 mil caixas dessa vinícola, geralmente muito elogiadas. Em outros, a produção da casa é nula. *Coombsville • 707 944 8868 • www.dolcewine.com* ■ *sobremesa* ★ *Dolce vintage*

Domaine Carneros
Vale do Napa / Carneros

Grandes nomes e um grande investimento: Claude Taittinger, da casa homônima da Champagne, construiu aqui o belo castelo em estilo francês em 1989. Os vinhedos no terreno da propriedade são dedicados à produção de vinho espumante, usando exclusivamente uvas Carneros, e mantêm sua supremacia dando maior prioridade à qualidade, e não ao volume. Toda primavera, o vinhedo é podado dos brotos considerados fracos, que são destruídos. *1240 Duhig Rd, Napa • 707 257 3020 • www.domaine.com* ☐ *espumante* ★ *Brut Cuvee, Brut Rose*

Domaine Chandon
Vale do Napa

Outro nome global, esta casa fundada em 1973 foi criação do herói da Resistência Francesa conde

Para saber mais sobre vinhos espumantes **págs. 60-61**

Robert Jean de Vogue, presidente da fabricante de champanhe Moët & Chandon. De Vogue identificou Napa como um dos poucos locais no mundo adequados à produção de vinho espumante. A companhia tem vinhedos em Carneros, Mount Veeder e Yountville, e emprega práticas agrícolas modernas e sustentáveis. Os vinhos espumantes são produzidos de acordo com a tradicional técnica da Champagne. Alguns vinhos sem espuma também estão sendo lançados. *1 California Drive, Yountville • 707 944 8844 • www.chandon.com* tinto, branco, espumante ★ *Chandon Reserve Brut, Etoile Brut*

Vinícola Duckhorn em St Helena

Dominus

Vale do Napa / Yountville

A moderna vinícola, projetada pelos arquitetos suíços Herzog e De Meuron em 1997, ergue-se no meio de um vinhedo histórico, que no século 19 foi a fonte do lendário Cabernet da Inglenook. Em 1982 o lugar foi adquirido pela família Moueix, dona do Château Pétrus, na França. No início, o principal vinho da Dominus, feito à maneira de Bordeaux, era duro, mas a equipe logo o adaptou às condições de Napa e hoje ele é mais equilibrado, mostrando grande força e profundidade. O segundo vinho, Napanook, mais escasso, destina-se ao consumo. *2570 Napanook Rd, Yountville • 707 944 8954 • www.dominusestate.com* tinto ★ *Dominus, Napanook*

Duckhorn Vineyards

Vale do Napa e outras áreas

Muito antes de o Merlot se tornar moda na Califórnia, Dan Duckhorn já produzia ricos e poderosos exemplos com notável estrutura tânica. Ele também inventou um estilo que chama de Paraduxx, um corte de Zinfandel, Cabernet e Merlot. De suas terras em Mendocino vem um bom Pinot Noir chamado Goldeneye. *1000 Lodi Lane, St Helena • 707 963 7108 • www.duckhornvineyards.com* tinto, branco ★ *Paraduxx, Three Palms Vineyard Napa Merlot, Napa Cabernet Sauvignon*

VINCENT GASNIER TOP 10

Os Segredos Mais Bem Guardados da Califórnia

1. **Etude: Pinot Gris** (branco) Vale do Napa *pág 45*
2. **Spottswoode: Sauvignon Blanc** (branco) Vale do Napa *pág 44*
3. **Cline** (tinto, branco e espumante) Sonoma *pág 50*
4. **Clos du Bois** (tinto, branco e *rosé*) Sonoma *pág 51*
5. **Walter Hansel: Pinot Noir** (tinto) Santa Rosa *pág 87*
6. **Cakebread Cellars: Cabernet Sauvignon** (tinto) Vale do Napa *pág 45*
7. **Heitz Cellar: Cabernet Sauvignon** (tinto) Vale do Napa *pág 40*
8. **Far Niente: Cabernet Sauvignon** (tinto) Vale do Napa *pág 40*
9. **Joseph Phelps** (tinto, branco e *rosé*) Vale do Napa *pág 41*
10. **Havens** (tinto) Vale do Napa *pág 45*

Far Niente

Vale do Napa

Uma das mais antigas vinícolas da Califórnia, a Far Niente ("fazer nada" em italiano) foi fundada em 1885 por John Benson. A vinícola floresceu até a Lei Seca, quando foi abandonada e só restaurada em 1979. A atual enóloga, Stephanie Putnam, pretendia originalmente trabalhar no FBI; hoje ela pratica uma política de pequena produção e excelência na propriedade de 101ha de Larry Maguire. São apenas dois vinhos, um Chardonnay e um Cabernet Sauvignon. Ambos são caros, conseguem boas críticas e vendem depressa. *1350 Acacia Drive, Oakville • 707 944 2861 • www.farniente.com* *tinto, branco ★ Estate Bottled Chardonnay, Cabernet*

Frog's Leap

Vale do Napa / Rutherford

John Williams da Frog's Leap produz elegantes Sauvignon Blancs, Cabernet Sauvignons e Zinfandels, assim como um corte de Cabernet Sauvignon e Cabernet Franc chamado Rutherford. Os vinhos muitas vezes subestimados já que a casa preza mais o estilo e equilíbrio que a força ea madeira marcante. O resultado é uma série de vinhos bons e sérios, feitos de uvas orgânicas. *8815 Conn Creek Rd, Rutherford • 707 963 4704 • www.frogsleap.com* *tinto, branco ★ Cabernet Sauvignon, Zinfandel, Rutherford*

O Vinho Mais Antigo da Califórnia

Em 1998 uma garrafa de vinho muito antigo foi encontrada em uma adega no Marin County. Com um rótulo em sépia mostrando uma rede cheia de cachos de uvas, o vinho era um Sweet Muscat de 1886, feito pela vinícola Far Niente original *(acima)*. Essa é a mais antiga garrafa intacta de vinho californiano, e foi preservada sem abrir. Um século depois da produção daquele vinho, a Dolce Vineyard *(pág 38)*, do grupo da Far Niente, lançou sua primeira safra (1985) de vinho para sobremesa, que logo foi declarado pelos críticos um dos melhores vinhos doces feitos na Califórnia.

Harlan Estate

Vale do Napa

A abordagem de Bill Harlan mostra a busca incansável da perfeição que caracteriza muitos produtores de Napa. Ele passou 20 anos escolhendo sua propriedade – 97ha nas colinas no oeste de Oakville. Depois veio uma seleção meticulosa de uvas, que resultou em clones de Cabernet Sauvignon, Merlot, Cabernet Franc e Petit Verdot. Hoje ele e seu enólogo, Bob Levy, são muito aplaudidos. *1551 Oakville Grade, Oakville • 707 944 1441 • www.harlanestate.com* *tinto ★ Harlan Estate, The Maiden*

Heitz Cellar

Vale do Napa

Inaugurada por Joe e Alice Heitz em 1961, a Heitz pode parecer sem charme em comparação com suas colegas no Vale do Napa, mas produz constantemente bons vinhos. Outro Heitz, apropriadamente chamado de Avid, mantém um olho de falcão sobre o tempo máximo que os Cabernet Sauvignons e Chardonnays podem ficar no carvalho. Avid assume riscos calculados, e os resultados são alguns dos melhores Cabernets do mundo. Eles permitem que a casa seja ousada ao colocar preços em sua produção. *500 Taplin Road, St Helena • 707 963 3542 • www.heitzcellar.com* *tinto, branco, rosé, fortificado ★ Martha's Vineyard, Trailside Vineyard, Chardonnay Cellar Selection*

Hendry
Vale do Napa
O "Block" que aparece nos nomes dos produtos da Hendry refere-se à maneira científica como o ex-médico George Hendry trabalha seu vinhedos. Usando tipo de solo, exposição e clonagem de mudas como critério de definição, Hendry dividiu seus 47ha em 49 blocos, cada qual considerado um experimento em cultivo de vinhas. Esse compromisso significa que os vinhos da Hendry mudam mais rapidamente que seus concorrentes. Mas até agora os resultados foram maravilhosos, especialmente o Hendry Block 20 Chardonnay. *3104 Redwood Road • 707 226 8320 • www.hendrywines.com* *tinto, branco, rosé ★ Block 20 Chardonnay, Block 28 Zinfandel*

VINCENT GASNIER TOP 10 Merlots Magníficos

1. **Duckhorn** Vale do Napa *pág 39*
2. **Merryvale** Vale do Napa *abaixo*
3. **Blackjack Ranch** Santa Barbara *pág 85*
4. **Arrowood** Sonoma *pág 50*
5. **Flora Springs** Vale do Napa *pág 45*
6. **Switchback Ridge** Vale do Napa *pág 45*
7. **Owen Roe** Oregon *www.owenroe.com*
8. **Havens** Vale do Napa *pág 45*
9. **Lewis Cellars** Vale do Napa *pág 45*
10. **Neyers Vineyards** Vale do Napa *pág 45*

Joseph Phelps
Vale do Napa
Fundada em 1972, a Joseph Phelps ganhou nome com seus Rieslings doces e foi uma das primeiras produtoras de Syrah na Califórnia. Embora a empresa tenha uma boa reputação por Cabernet e sua prestigiosa insígnia, o enólogo Craig Williams continuou desenvolvendo vinhos no estilo do Rhône, incluindo um excelente Viognier, uma mistura suculenta chamada Le Mistral e um delicioso Grenache rosé. *200 Taplin Rd, St Helena • 707 963 2745 • www.jpvwines.com* *agendar* *tinto, branco, rosé ★ Viognier, Syrah*

Kongsgaard
Vale do Napa
John Kongsgaard começou a fazer vinho com sua própria marca em 1996, decidido a manter a produção reduzida para garantir que tudo fosse feito à mão. Por isso ele se limitou a quatro vinhos: um corte de Chardonnay de diversos locais no Vale do Napa; um Chardonnay de um só vinhedo chamado "The Judge"; um corte de Viognier e Roussanne; e um Syrah de Carneros. Kongsgaard vê a vinicultura como um processo altamente estético, cujo aperfeiçoamento já levou o violinista Isaac Stern e outros a dar concertos no próprio vinhedo. *4050 Spring Mountain Road, Oakville • 707 963 4512 • www.kongsgaardwine.com* *branco, tinto ★ Napa Valley Chardonnay The Judge*

Merryvale
Vale do Napa / Oakville, Rutherford e outras áreas
Hoje propriedade de sócios californianos e suíços, a Merryvale se beneficiou de ótimos enólogos e das opiniões do consultor Michel Rolland. Volumes substanciais de vinho são feitos aqui, todos de alto padrão. As linhas principais – Reserve e Prestige – são excelentes, mas o Profile, uma elegante corte no estilo Bordeaux envelhecido em carvalho novo, é geralmente o melhor. *1000 Main St, St Helena • 707 963 7777 • www.merryvale.com* *tinto, branco, fortificado ★ Silhouette Chardonnay, Carneros Merlot, Profile*

A Merryvale ocupa o local da primeira vinícola construída no Vale do Napa depois do fim da Lei Seca, em 1933

George Yount: O Pioneiro de Napa

Em 1838, George Yount, um caçador da Carolina do Norte que teria sido o primeiro habitante não-nativo do Vale do Napa, levou algumas mudas de vinhas Mission que cresciam no vinhedo de seu amigo em Sonoma. Ele as plantou na frente de sua cabana na extremidade sul do vale, esperando produzir uvas suficientes para fazer vinho para seu consumo. Em seis anos, Yount estava fazendo cerca de 900l de vinho por ano, e na década de 1850 era uma figura conhecida que ajudou a fundar a cidade de Sebastopol, cerca de 3km ao sul de seu primeiro vinhedo. Mor-reu em 1865, sem saber que fora o pioneiro de uma das regiões vitícolas mais famosas do mundo. Dois anos depois de sua morte, Sebastopol foi rebatizada como Yountville, em um tributo ao seu legado, e no final dos anos 1870 mais de 7.300ha do Vale do Napa eram ocupados por vinhedos – a metade da área cultivada hoje.

Mumm Napa

Vale do Napa

Em 1979, a ilustre casa de champanhe francesa Mumm enviou o enólogo Guy Devaux em uma missão secreta aos EUA para encontrar um lugar ideal para vinho espumante. Foi somente em 1983 que ele identificou um lugar no Vale do Napa com o clima e o solo certos. Na década de 1990, as vendas internas da Mumm Napa já superavam as importações da francesa. Ludovic Dervin continuou o trabalho de Devaux, e a Mumm Napa oferece alguns dos vinhos espumantes mais elegantes dos EUA, por preços razoáveis. Produz também um Pinot Noir. *8445 Silverado Trail, Rutherford • 707 967 7700 • www.mummnapa.com* ☐ ◼ *espumante, tinto ★ Carneros Pinot Noir, Santana DVX, Cuvee M Red*

Opus One

Vale do Napa / Oakville

Possivelmente o mais conhecido vinho fino da Califórnia, Opus One foi criado em 1970 pelo produtor da Califórnia Robert Mondavi *(pág 16)* e o barão Philippe de Rothschild, proprietário do Château Mouton Rothschild em Bordeaux. Esse corte sedoso de tintas varia em percentual a cada ano: principalmente Cabernet Sauvignon, com gradações de Merlot, Cabernet Franc, Malbec e Petit Verdot cuidadosamente equilibradas para criar complexas camadas de especiarias e frutas silvestres depois de alguns anos na adega. A primeira safra foi em 1979, lançada em 1983 por US$50 a garrafa – na época um preço inédito para um Cabernet californiano. Nos primeiros 12 anos, o Opus One foi produzido na vinícola de Robert Mondavi do outro lado da estrada *(pág 43)*, enquanto se construía aqui uma vinícola própria. Concluído em 1991, o belo edifício de pedra tem, como o vinho, uma mistura de conceitos de Velho e Novo Mundos, ambientado entre vinhedos onde a plantação em alta densidade, no estilo de Bordeaux, e a seleção manual são a norma. *7900 St Helena Highway, Oakville • 707 944 9442 • www.opusonewinery.com* ☐ ◼ *tinto ★ Opus One*

Patz & Hall

Vale do Napa, Sonoma County e outras áreas

A Patz & Hall foi fundada em 1988 com uma intenção principal – produzir um Chardonnay diferente, com pequena produção e de um único vinhedo. Conforme a equipe criativa da vinícola expandiu seus interesses para tudo o que é da Borgonha, uma ênfase equivalente foi dada ao Pinot Noir. Hoje usando uvas de nove dos vinhedos mais prestigiados da Cali-

Robert Mondavi na adega de sua vinícola no Vale do Napa

fórnia, a casa tem um portfólio de seis Chardonnays e quatro Pinot Noirs, todos claramente californianos, apesar de a produção usar técnicas e equipamentos franceses especialmente importados. *851 Napa Valley Corporate, Rutherford • 707 265 6700 • www.patzhall.com* ☐ *tinto, branco ★ Russian River, Santa Lucia Highlands, Pinot Noir*

Robert Mondavi
Vale do Napa / Oakville, Stags Leap e muitas outras áreas
Mondavi *(pág 16)* – o homem e as marcas – é uma instituição tão californiana que é difícil acreditar que o produltor nascido em Minnesota só fundou sua base em Napa em 1966 e passou muitos anos difíceis. Seus segredos provém de uma curiosidade incansável e uma determinação férrea de se superar. Criou o estilo Fumé Blanc de Sauvignon Blanc amadeirado e foi pioneiro na pesquisa de envelhecimento em carvalho e densidade de vinhedos, compartilhando os resultados com outras vinícolas. Fanático por enologia, ele também foi o principal financiador do Copia Center de Napa *(pág 34)*, que reúne vinho, comida e artes. Seus extensos vinhedos nos distritos de Central Coast e Santa Barbara fornecem uvas para seus cortes menos caros. Os vinhos produzidos em Napa são de alta qualidade, especialmente os com denominações de subdistritos de Oakville, Stags Leap e Carneros. Os vinhos Reserve são significativamente superiores aos das garrafas comuns, e a suprema mistura Opus One tem sua própria vinícola em Oakville *(pág 42)*. Em 2004 a Constellation pagou US$1,36 bilhão pela Mondavi Corporation; sua subsidiária Centerra Wine Company *(pág 121)* hoje possui a Robert Mondavi Private Selection e algumas marcas relacionadas, mas a família Mondavi continua participando do negócio. *Highway 29, Oakville • 1 888 766 6328 • www.robertmondavi.com* ☐ *tinto, branco ★ Pinot Noir Reserve, Oakville Cabernet Sauvignon*

VINCENT GASNIER TOP 10

Grandes Cabernet Sauvignons da Califórnia

1. **Peter Michael** Sonoma *pág 54*
2. **Far Niente** Vale do Napa *pág 40*
3. **Arrowood** Sonoma *pág 50*
4. **Ravenswood** Sonoma *pág 54*
5. **Shafer** Vale do Napa *pág 44*
6. **Araujo** Vale do Napa *pág 36*
7. **Spottswoode** Vale do Napa *pág 44*
8. **Caymus Vineyards** Vale do Napa *pág 37*
9. **Lokoya** Vale do Napa *pág 45*
10. **Stag's Leap Wine Cellars** Vale do Napa *pág 44*

Robert Mondavi e o barão Philippe de Rothschild se conheceram no Havaí em 1970 e ainda são sócios no Opus One

Shafer

Vale do Napa / Stags Leap e Carneros

Quando o editor John Shafer começou a procurar vinhedos na década de 1960, ficou obcecado pelo *terroir*. Em 1972 ele estava pronto para começar a cultivar vinhas, e seis anos depois começou a vinificá-las. Hoje, a vinícola se estende por mais de 80ha e fornece uvas para mais de 300 mil caixas de Cabernet Sauvignon, Merlot, Chardonnay, Sangiovese e Syrah por ano. Com Doug Shafer, a companhia adotou a agricultura sustentável, utilizando energia solar, reaproveitamento da água e técnicas de adubação orgânica. O aveludado Hillside Select Cabernet Sauvignon é inteiramente obtido de um mesmo local em Stags Leap. *6154 Silverado Trail, Napa • 707 944 28 77 • www.shafervineyards.com* ☐ ▣ *tinto* ★ *Hillside Select Cabernet Sauvignon, Red Shoulder Ranch Chardonnay*

O Julgamento de Paris

Em 1976, o comerciante de vinhos britânico Steven Spurrier organizou em Paris uma degustação às cegas em que os melhores vinhos da Califórnia foram comparados com grandes safras francesas de Bordeaux e da Borgonha. A equipe, na maioria franceses, se surpreendeu ao ver que deu lugar de honra a um Cabernet dos Stag's Leap Wine Cellars *(à direita)* e a um Chateau Montelena Chardonnay *(pág 37)*, e ficou embaraçada quando a imprensa deu a notícia. A comparação foi desigual, pois só foram provadas safras recentes, e os vinhos franceses geralmente são menos abertos e expressivos na juventude do que seus rivais da Califórnia. Mas a degustação histórica mostrou ao mundo que Napa era um concorrente sério

Spottswoode

Vale do Napa / St Helena

Em uma antiga propriedade que foi plantada com videiras pela primeira vez em 1882, o dr. Jack e Mary Novak fundaram esta vinícola em 1972, que Mary e sua filha Beth continuam dirigindo. É uma propriedade comprometida com a agricultura orgânica desde 1985 (também produz azeite de oliva), usando fertilizantes orgânicos e práticas sustentáveis sempre que possível e com ótimos resultados. Apesar do renome e da coerência de seus vinhos, Spottswoode ainda tem um clima familiar, sem pretensões de grandeza. O enólogo consultor Tony Soter ajudou a firmar a reputação de Spottswoode com um Cabernet Sauvignon de grande estilo e um vivaz Sauvignon Blanc, que são os únicos vinhos produzidos aqui, sempre em quantidades limitadas. A enóloga atual, Rosemary Cakebread, mantém essa abordagem desde 1997. *1902 Madrona Ave, St Helena • 707 963 0134 • www.spottswoode.com* ☐ *com hora marcada* ▣ *tinto, branco* ★ *Sauvignon Blanc, Cabernet Sauvignon*

Rótulo da Spottswoode

Stag's Leap Wine Cellars

Vale do Napa / Stags Leap

Warren Winiarski *(pág 17)*, um dos mais famosos vinicultores da Califórnia, adquiriu o local de seu primeiro vinhedo no distrito de Stags Leap em 1970, e em 1972 já tinha fundado uma vinícola. Um defensor apaixonado da adequação da Cabernet Sauvignon ao Vale do Napa, Winiarski ficou famoso quando seu vinho superou os de primeira grandeza como Château Mouton Rothschild e Château Haut Brion, de Bordeaux, no "Julgamento de Paris" em

1976. A empresa continua nas mãos hábeis dos Winiarski, fazendo Cabernets suntuosos, incluindo um vinho de denominação Napa com uvas compradas. O vinhedo original, hoje chamado de S.L.V. nos vinhos engarrafados na propriedade (o que felizmente o distingue do nome do distrito e de outras vinícolas locais que têm Stag's Leap no nome), é plantado principalmente com Cabernet, assim como o Fay Vineyard, no mesmo distrito. O sublime Cask 23 é um vinho Cabernet de reserva, só produzido quando as condições são excepcionais. Esse é um dos melhores tintos de Winiarski – rico mas elegante, suave, equilibrado e de bom envelhecimento. Os preços são altos, mas a casa também oferece uma gama de bons vinhos mais baratos sob o rótulo Hawk Crest. *5766 Silverado Trail, Napa • 707 944 2020 • www.cask23.com* ◻ ▣ *tinto, branco* ★ *Arcadia Chardonnay, S.L.V. Cabernet Sauvignon, Cask 23*

ZD Wines
Vale do Napa

Em 1968, Gino Zepponi e Norman deLeuze planejaram produzir vinhos no estilo da Borgonha no Vale do Napa. Para isso, utilizaram uvas das variedades Pinot Noir e Chardonnay, mas sua vinícola só surgiu em 1979. Hoje certificada como orgânica, o processo de produção da ZD Wines é conhecido por sua fermentação lenta a frio. O produto final de Gino e Norman tem sido o vinho preferido em muitos jantares da Casa Branca. *8383 Silverado Trail, Napa • 800 487 7757 • www.zdwines.com* ◻ ▣ *tinto, branco* ★ *Reserve Chardonnay, Pinot Noir, Abacus*

Outros Produtores do Vale do Napa

Abreu Vineyard *2366 Madrona Ave, St Helena • 707 963 7487*

Acacia Winery *2750 Las Amigas Road, Vale do Napa • 707 226 9991 • www.acaciawinery.com*

Philippe-Lorraine Vineyard *1315 Main St, St Helena • 707 963 0121*

Atalon Vineyard *7600 St Helena Hwy, St Helena • 800 224 4090 • www.atalon.com*

Cakebread Cellars *8300 St Helena Hwy, St Helena • 800 588 0298 • www.cakebread.com*

Clos du Val *5330 Silverado Trail, Napa • 70 261 5225 • www.closduval.com*

Dunn Vineyard *805 White Cottage Road, N. Angwin • 707 965 3805*

Etude *1250 Cuttings Wharf Road, Napa • 707 257 5300 • www.etudewines.com*

Flora Springs *677 South St Hwy, St Helena • 707 963 5711 • www.florasprings.com*

Havens Wine Cellars *2055 Hoffman Lane, Napa • 707 261 2000 • www.havenswine.com*

La Jota Winery *1102 Las Posadas Rd, Angwin, St Helena • 877 222 0292 • www.lajotavineyardco.com*

Lewis Cellars *4101 Big Ranch Road, Napa • 707 255 3400 • www.lewiscellars.com*

Lokoya Winery *7600 St Helena Hwy, Oakville • 707 944 2824 • www.lokoya.com*

Neyers Vineyards *2153 Sage Canyon Rd, St Helena • 707 963 8840 • www.neyersvineyards.com*

Storybook Mountain Vineyards *3835 Hwy 128, Calistoga • 707 942 5310 • www.storybookwines.com*

Switchback Ridge *4292 Silverado Trail, Calistoga • 707 967 8987 • www.switchbackridge.com*

Turley Wine Cellars *3358 St Helena Hwy • 707 963 0940 • www.turleywinecellars.com*

V. Sattui Vineyards *1111 White Lane, St Helena • 707 963 7744 • www.vsattui.com*

Viader Vineyards and Winery *1120 Deer Park Rd, Deer Park • 707 963 3816 • www.viader.com*

Áreas Vinícolas de Sonoma County

Sonoma é o mais diversificado dos condados da Costa Norte, com uma enorme variedade de tipos de solo, mesoclimas e elevações. Geralmente, as sub-regiões mais próximas do Pacífico são mais frias e adequadas para as variedades Chardonnay e Pinot Noir, da Borgonha. O fundo do vale e as encostas a leste são mais quentes e ideais para uvas tintas Bordeaux e Zinfandel.

Ao todo, Sonoma tem cerca de 24 mil ha em produção e mais de 260 vinícolas, que variam em tamanho de pequenas operações a vastas fazendas. Ao lado das famílias italianas estabelecidas na região – Seghesio, Foppiano, Martinelli – estão outras que chegaram recentemente e que se dedicam a extrair o máximo do clima variado e generoso de Sonoma. O Chardonnay dessa região pode ser excepcional, e o Pinot Noir do Russian River Valley é provavelmente a melhor expressão dessa variedade complexa em toda a Califórnia. Virtualmente toda a terra cultivável no Vale do Napa está plantada, mas novas áreas em Sonoma estão sendo desenvolvidas e nenhuma é mais produtiva que as serras espaçosas e frescas de Sonoma Coast. Abaixo, as AVAs mais importantes de Sonoma. *cascalho, marga arenosa, sedimentos rasos, argila, rocha sedimentar, xisto* *Cabernet Sauvignon, Zinfandel, Merlot, Pinot Noir, Syrah* *Chardonnay, Sauvignon Blanc, Ge-würztraminer* *tinto, branco*

Rótulo de Kendall Jackson

Alexander Valley e Knights Valley

A AVA Alexander Valley pode ser extremamente quente, por isso muitos dos 6 mil ha de vinhedos ficam em elevações maiores nos sopés dos montes Mayacama. No fundo do vale, o Zinfandel prospera. O vale também é cada vez mais uma fonte de suculentas e ricas uvas das variedades Cabernet Sauvignon e Merlot. A AVA vizinha, Knights Valley, serpenteia entre montanhas até Calistoga, em Napa. Só há uma vinícola importante sediada aqui, a Peter Michael *(pág 54)*, mas a Beringer *(pág 36)* também tem plantações substanciais. Vinhas tintas florescem no fundo do vale, enquanto a Chardonnay dá ótimos resultados em elevadas altitudes.

Dry Creek Valley

Essa célebre região (4 mil ha de vinhedos) fica a noroeste de Healdsburg, e a maioria de suas propriedades fica junto à Dry Creek Road. Há muitos vinhedos esplêndidos e antigos (de até um século) de Zinfandel plantados aqui; mas, como outras áreas de Sonoma, o Dry Creek Valley é versátil. É possível encontrar alguns Cabernet Sauvignons excelentes e até alguns vinhos brancos. A maioria das propriedades é bastante pequena, mas na última década a família Gallo *(pág 52)* domina a região e sua base principal é no Dry Creek Valley.

Russian River Valley, Green Valley e Chalk Hill

A AVA Russian River Valley tem cerca de 4 mil ha plantados e é conhecida como região vitícola fria, com tendência a incursões da neblina marítima. Um setor, onde se situam as produtoras Williams Selyem, Rochioli e Davis Bynum, é com certeza a origem de alguns

Págs 46-7 **Vinhedo e escola em St Helena, Costa Norte da Califórnia**

dos melhores Pinot Noirs da Califórnia. A textura do vinho pode ser sedosa e sensitiva. Em nenhum outro lugar da Califórnia a Pinot desenvolve esse caráter úmido e sedutor, típico da Borgonha, na França. Mas a região não é uniforme e há áreas em que a Zinfandel se estabeleceu há décadas.

Colheita de uvas Chardonnay em Sonoma

O Green Valley, embora seja uma AVA independente, é um enclave no sul do Russian River Valley. Aqui pode fazer frio, e em algumas safras as uvas têm dificuldade para amadurecer. Marimar Torres *(pág 54)*, irmã do renomado produtor de vinhos catalão Miguel Torres, planta variedades de Borgonha aqui, enquanto a Iron Horse *(pág 52)* é a mais conhecida produtora de vinhos espumantes de Sonoma. A AVA Clark Hill é outra área diminuta no Russian River Valley, conferida principalmente à propriedade do mesmo nome. Este é um território mais quente ao norte da cidade de Santa Rosa, mas também é conhecido por seus Chardonnay e Sauvignon Blanc.

Sonoma Valley e Sonoma Mountain

Estendendo-se de Santa Rosa a Carneros, a AVA Sonoma Valley abriga alguns dos mais conhecidos produtores do condado – Kenwood *(pág 53)*, Chateau St Jean *(pág 50)*, Landmark e St Francis *(pág 55)*. Suas vinícolas situam-se no fundo do vale, embora os vinhedos às vezes sejam plantados em vales laterais. É uma região versátil, que produz boas variedades de Chardonnay, Zinfandel e Bordeaux tinto. A AVA Sonoma Mountain, mais espaçosa, fica a oeste. Há poucas vinícolas aqui, e a mais conhecida é a Laurel Glen *(pág 55)*, que produz Cabernets tânicos e longevos, de vinhedos a cerca de 250m de altitude.

Sonoma Coast e Northern Sonoma

A vasta AVA Sonoma Coast localiza-se a boa distância do litoral de Sonoma County. Mas nos últimos anos foram plantados vinhedos em serras altas a pequena distância do Pacífico, com a intenção de encontrar a localização perfeita de clima frio para Chardonnay e Pinot Noir. Flowers *(pág 55)* é a única vinícola importante, mas grandes produtores compram uvas da região. Os vinhos da região muitas vezes têm intensidade e pureza que lembram os da Borgonha.

Outra grande denominação em Sonoma County é Northern Sonoma, que existe a pedido da Gallo of Sonoma, como uma AVA que inclui vinhos que a companhia mistura de vários distritos da região.

A AVA Carneros é compartilhada pelos condados de Sonoma e Napa
Pág 33

Vinhedo em Knights Valley, Sonoma

Grandes Produtores de Sonoma County

Arrowood

Sonoma

Apesar de ser perseguido pela lenda de que nunca encontrou uma uva que não quisesse espremer, Dick Arrowood tem um portfólio de vinhos que é um modelo de castidade. Começou nesse negócio em 1965, e esteve com a Chateau St Jean durante muitos anos, até fundar sua própria empresa em 1988. A ambição de Arrowood em sua vinícola era produzir vinhos Chardonnay e Cabernet Sauvignon com qualidade de reserva. Quando o conseguiu, expandiu suas operações para incluir quantidades limitadas de Merlot, Riesling, Viognier, Pinot Blanc, Malbec e Syrah. O Merlot, particularmente, tem sido sedoso e rico, e o Late Harvest Riesling é um vinho para sobremesa delicado e floral. *14347 Sonoma Hwy, Glen Ellen • 707 935 2600 • www.arrowoodvineyards.com* *tinto, branco, rosé, sobremesa* ★ *Hoot Owl Creek, Gewürztraminer, Grand Archer, Late Harvest Riesling*

Chateau St Jean

Sonoma / Alexander Valley

Na década de 1970, o primeiro vinicultor desta companhia, Richard Arrowood, produziu vinhos brancos secos e doces surpreendentes de vinhedos individuais. Hoje a Chateau St Jean faz parte do império Beringer Blass, e a variedade não é mais tão extensa, embora o Chardonnay e o Sauvignon Blanc ainda sejam marcantes. Os vinhedos espalham-se por Sonoma, incluindo dois em Alexander Valley. O château em si fica perto de Kenwood, uma propriedade histórica interessante dos anos 1920 que é aberta a visitas. Seu atual enólogo, Steve Reeder, introduziu alguns tintos excelentes: Merlot e o Cinq Cépages, dominado por Cabernet. O estilo é ricamente frutado, e a ênfase é para vinhos que são melhores consumidos jovens. *8555 Hwy 12, Kenwood • 707 833 4134 • www.chateaustjean.com* *tinto, branco* ★ *Robert Young Vineyard Chardonnay, Cinq Cépages, Sonoma County Reserves*

VINCENT GASNIER TOP 10

Produtores de Zinfandel

1. **Ravenswood** Sonoma *pág 54*
2. **Cline** Contra Costa *pág 51*
3. **Ridge Vineyards** Baía de San Francisco *pág 80*
4. **Williams Selyem** Sonoma *pág 55*
5. **Turley Wine Cellars** Vale do Napa *pág 45*
6. **Nalle Winery** Sonoma *pág 55*
7. **Gary Farrell** Sonoma *pág 52*
8. **Hartford** Sonoma *pág 55*
9. **Storybook Mountain** Vale do Napa *pág 45*
10. **Shafer** Vale do Napa *pág 44*

Cline

Sonoma e Contra Costa County

Os irmãos Cline vieram de Oakley, no condado de Contra Costa, onde ainda possuem um esplêndido vinhedo antigo plantado com uvas tradicionais, notadamente Mourvèdre, Zinfandel e Cariñena (Carignan). Em

1991 eles mudaram a vinícola para o sul de Sonoma e plantaram variedades do Rhône em novos vinhedos, enquanto mantiveram as vinhas antigas em Contra Costa. Qualquer um cansado de Chardonnay e Cabernet deve experimentar seus Mourvèdre, Syrah, Zinfandel e Viognier, de preços acessíveis, assim como Carignan e Marsanne. *24737 Hwy 121, Sonoma • 707 963 4310 • www.cline-cellars.com tinto, branco, espumante ★ Sonoma Viognier, Ancient Vines Mourvèdre*

Rótulo de Cline

Clos du Bois
Sonoma / Alexander e Russian River Valleys
A Clos du Bois inclina-se diante do altar da vinicultura francesa quando diz que seus vinhedos de 300ha em Alexander Valley estão a apenas 8.975km da França. Mas ela também apóia a indústria vinícola local, adquirindo suas variedades de uvas francesas de 150 viticultores de Sonoma. Esse amplo leque permite que a Clos du Bois mantenha três marcas: a linha Classic é acessível, para o dia-a-dia; os Appellation Reserves são mais caros, incluindo o bom Pinot Noir do Russian River Valley. A luxuosa Proprietary Series se beneficia da plena atenção do enólogo Erik Olsen. *19410 Geyserville Ave, Geyserville • 800 222 3189 • www.closdubois.com tinto, branco, rosé ★ Clos du Bois Pinot Grigio, Briarcrest Cabernet Sauvignon, Marlstone, Calcaire Chardonnay*

Ferrari-Carano
Sonoma / Dry Creek Valley
Os Carano são hoteleiros de Nevada, e sua arte fica totalmente evidente nesta bela propriedade em Dry Creek, cujos visitantes apreciam tanto pelos jardins e a hospitalidade quanto pelos vinhos. Eles estão entre os melhores de Sonoma, graças à perícia do antigo enólogo George Bursick. No início a vinícola foi conhecida principalmente por seus elegantes e amadeirados Chardonnay e Sauvignon Blanc, mas hoje os tintos conseguem igual aclamação. Além dos vinhos varietais padrões, há um corte fino de Cabernet Sauvignon Sangiovese chamada Siena, e o Tresor, que é um rico corte de tintos de cinco variedades clássicas de Bordeaux. *8761 Dry Creek Rd, Healdsburg • 707 433 6700 • www.ferrari-carano.com tinto, branco ★ Fumé Blanc Reserve, Siena, Tresor*

Zinfandel: a Uva Histórica da Califórnia

Para sorte da Califórnia, seu cartão de visitas vitícola, a uva Zinfandel, é uma variedade fascinante. Parece ter origem croata e ser idêntica à italiana Primitivo, mas na Califórnia adquiriu personalidade própria. Foi amplamente plantada por imigrantes, na maioria italianos, que se estabeleceram na Costa Norte no século 19, produzindo vinhos robustos e encorpados que pareciam os da Europa meridional. Muitos desses antigos vinhedos sobrevivem. São cultivados a seco e produzem colheitas relativamente pequenas de uvas intensamente aromáticas. A Zinfandel pode sofrer com o amadurecimento desigual: colhida muito cedo, tem sabor herbáceo; muito tarde pode ter sabor de geléia. O segredo é colhê-la plenamente madura. Existe uma tendência infeliz de Zinfandels com teor alcoólico muito elevado e de *rosés* muito doces.

O botânico Luther Burbank (1849-1926) descreveu Sonoma como "o lugar preferido em toda a Terra no que se refere à natureza"

O Início da História do Vinho em Sonoma

Acredita-se que colonos russos teriam plantado vinhas já em 1812 em Fort Ross, no litoral de Sonoma. No entanto, o crédito pela fundação da indústria vinícola no condado geralmente vai para o padre José Altimira. Esse monge franciscano espanhol fundou a missão San Francisco Solano no vale do Sonoma em 1823, e alguns anos depois plantou milhares das chamadas vinhas Mission, cujas mudas foram levadas para outras partes da Califórnia nas décadas seguintes. Nos anos 1840, Cyrus Alexander foi o pioneiro a formar um vinhedo na área que se tornaria conhecida como Alexander Valley. As primeiras vinhas diferentes de Mission foram plantadas por William Hill em 1852, e em 1855 Agoston Harazthy de Mokesa fundou sua prolífica vinícola Buena Vista em Sonoma *(pág 22)*.

Gallo of Sonoma

Sonoma

Para surpresa e consternação de muitos viticultores em pequena escala de Sonoma, a poderosa família Gallo *(pág 83)* saiu de seu reduto no Central Valley em meados dos 1980 e comprou 1.200ha de terra em Sonoma. Desde os primeiros lançamentos da filial da Gallo em Sonoma, em 1991, os críticos ficaram surpresos pela alta qualidade dos vinhos. Além de cinco rótulos de vinhedos exclusivos, que geralmente representam um bom valor, também lançaram quantidades muito limitadas de caros varietais de Chardonnay e Cabernet Sauvignon, conhecidos, confusamente, como Estate Range. ⊗ *3387 Dry Creek Rd, Healdsburg • 707 431 5500 • www.gallosonoma.com* ☐ ◘ *tinto, branco* ★ *Laguna Chardonnay, Frei Ranch Zinfandel, Stefani Vineyard*

Royal Cuvée, de Gloria Ferrer

Gary Farrell

Sonoma / Russian River Valley

Desde 1982, o recatado Gary Farrell é o enólogo que cria alguns dos melhores Pinot Noirs para as vinícolas de Russian River, como Davis Bynum. Ele também produziu uma série de vinhos com sua própria marca, e em 2000 montou uma vinícola que logo ficou conhecida por elegantes e contidos Chardonnay e Pinot. ⊗ *10701 Westside Rd, Healdsburg • 707 433 6616 • www.garyfarrell.com* ☐ *com hora marcada* ◘ *tinto, branco* ★ *Russian River Valley Pinot Noir, Dry Creek Zinfandel*

Gloria Ferrer

Sonoma / Carneros

Várias casas de vinhos espumantes européias montaram vinícolas em Carneros na década de 1980: esta foi fundada pela família Ferrer, dona da empresa Freixenet Cava da Espanha. Alguns vinhos mais simples são um pouco abertos e frutados demais para atingir verdadeira elegância, mas os *cuvées* principais são impressionantes. O ácido Royal Cuvée passa seis anos na fermentação antes do *dégorgement* de sedimentos e o mais saboroso Carneros Cuvée passa ainda mais tempo envelhecendo. Os vinhos espumantes continuam difíceis de vender, por isso, como outros produtores da região, a casa tem aumentado sua produção de vinhos, incluindo Pinot Noir, Chardonnay, Merlot e Syrah. ⊗ *23555 Hwy 121, Sonoma • 707 996 7256 • www.gloriaferrer.com* ☐ ◘ *espumante, tinto branco* ★ *Royal Cuvée, Carneros Cuvée*

Iron Horse

Sonoma / Green Valley e Alexander Valley

Na pequena AVA Green Valley, o vinicultor Forrest Tancer e os proprietários Barry e Audrey Sterling

A palavra "sonoma", na língua indígena chocuyen, é traduzida como "vale da lua" ou, segundo outras fontes, "terra do chefe Nariz"

Sala de degustação da Kenwood, em Sonoma

montaram a Iron Horse na década de 1970, concentrando-se em Chardonnay e Pinot Noir. Os vinhos espumantes dessa vinícola têm sido excepcionais, e os vinhos, incluindo os originários do vinhedo T-bar-T em Alexander Valley, não devem ser desprezados. *9786 Ross Station Rd, Sebastopol • 707 887 1507 • www.ironhorse vineyards.com* *espumante, tinto, branco, rosé* ★ *Blanc de Blancs LD, Brut Rosé, Russian Cuvée, T-bar-T Benchmark*

Kendall-Jackson
Sonoma e outras áreas

Jess Jackson começou a produzir vinhos em seus pequenos vinhedos em Lake County em 1982. A casa cresceu rapidamente, adquirindo enormes vinhedos e tornando Jackson bilionário, em parte graças ao sucesso de seu seco Vintner's Reserve Chardonnay, seco. Hoje seus vinhos vêm de toda a Califórnia, e o império possui muitas vinícolas que operam independentemente. As propriedades em Sonoma incluem Hartford *(pág 55)*, La Crema, Stonestreet e Matanzas Creek. Para fazer vinhos de estilo consistente, os enólogos "cortam" e usam componentes de várias regiões, à moda australiana. *5007 Fulton Rd, Santa Rosa • 707 544 4000 • www.kj.com* *tinto, branco* ★ *Vintner's Reserve Cabernet Sauvignon, Grand Reserve Pinot Noir, Verité Sonoma Merlot*

Kenwood
Sonoma

Há mais de 30 anos a Kenwood mantém sua reputação de vinhos de boa qualidade em todas as faixas de preço, desde a básica Sonoma Series às mais prestigiosas Jack London e Reserve. Sauvignon Blanc não é uma uva fácil na Califórnia, mas a casa conquistou alta reputação com ela. O principal Cabernet Sauvignon é o excepcional Artist Series, feito em carvalho novo. Outros bons tintos vêm do Jack London Ranch, arrendado pela Kenwood. *9592 Hwy 12, Ken-wood • 707 833 5891 • www.kenwoodvine yards.com* *tinto, branco* ★ *Jack London Zinfandel, Sonoma Sauvignon Blanc*

VINCENT GASNIER TOP 10

Bons Vinhos para o Dia-a-Dia

1. **Fetzer** Mendocino *pág 60*
2. **Alexander Valley Vineyards** Sonoma *pág 55*
3. **Carmenet Vineyard** Sonoma *pág 55*
4. **Geyser Peak** (varietais) Sonoma *pág 55*
5. **Beringer: Alluvium & muitos varientais** Vale do Napa *pág 36*
6. **Laurel Glen: tintos** Sonoma *pág 55*
7. **Boeger:** (varietais) Sierra Foothills *pág 87*
8. **Chateau Ste. Michelle** Columbia Valley *pág 102*
9. **Hawk Crest (Stag's Leap Wine Cellars)** Vale do Napa *pág 44*
10. **Robert Mondavi Winery** (varietais básicos) Vale do Napa *pág 43*

Kistler
Sonoma

Mark Bixler e o recluso enólogo Steve Kistler são especializados em Pinot Noir e Chardonnay. Possuem vinhedos nos montes Mayacama, mas também compram frutas de importantes vinhedos em Sonoma, todas engarrafadas separadamente. Desde o início os vinhos de Kistler ganharam fama e podem disputar um torneio próprio, mostrando uma concentração e complexidade mineral raramente encontradas em outros lugares na Califórnia. Mais conhecida por seus Chardonnays frutados, a Kistler também produz um Pinot Noir de pureza e intensidade notáveis. *4707 Vine Hill Rd, Sebastopol • 707 823 5603 • www.kistlerwine.com* ● *tinto, branco* ★ *Vine Hill Chardonnay, Chardonnay Cuvée Cathleen, Hirsch Vineyard Pinot Noir*

Sonoma e Simi

Até a década de 1960 o condado de Sonoma era classificado como pouco mais que um produtor de vinhos para ser misturados e vendidos como genéricos. Mas a partir de 1969 o magnata do petróleo Russell Green ajudou a mudar essa opinião. Diretor de uma vinícola de sucesso em Alexander Valley, Green aproveitou a oportunidade de comprar a Simi Winery, de 1876, que estava em franco declínio. Sua principal medida foi trazer diversos especialistas, como o legendário enólogo André Tchelitscheff *(pág 16)*, Robert Stemmler e Mary Ann Graf, a primeira vinicultora dos EUA. A rápida melhora na qualidade e uma série de prêmios inspiraram outras vinícolas de Sonoma a produzir vinhos igualmente poderosos. Os custos crescentes obrigaram-no a vender a empresa em 1973, mas a Simi continuou ampliando suas conquistas com outra enóloga pioneira, Zelma Long, e mais recentemente com Steve Reeder. *16275 Healdsburg Ave, Healdsburg • 800 746 4880 • www.simiwinery.com*

Marimar Torres
Sonoma / Green Valley

Membra do clã de vinicultores espanhóis Torres, Marimar Torres comprou esta propriedade em Sonoma em 1982. O clima frio dos vinhedos do Green Valley é ideal para Chardonnay e Pinot Noir, e a produção está se expandindo com a aquisição de outras terras na região. Torres procura finesse e equilíbrio e, apesar de não pretender produzir clones de Borgonha, seus vinhos têm a elegância e a extensão de sabor muitas vezes neles encontradas. Desde 2003 a propriedade é orgânica. *11400 Graton Rd, Sebastopol • 707 823 4365 • www.marimarestate.com* ○ *com hora marcada* *tinto, branco* ★ *Chardonnay, Pinot Noir*

Peter Michael
Sonoma

O magnata inglês da eletrônica Sir Peter Michael comprou terras em Sonoma em 1981 e colheu sua primeira safra em 1987. A propriedade é conhecida por seu leque de bons Chardonnays de vinhedo único, que podem ser marcadamente intensos e complexos. O Sauvignon Blanc (L'Après-Midi) e o Cabernet Sauvignon (Les Pavots) também podem ser de primeira linha. Todos são caros. *12400 Ida Clayton Rd, Knights Valley, Calistoga • 707 942 4459 • www.petermichaelwinery.com* ● *tinto, branco* ★ *Clos du Ciel Chardonnay, Les Pavots*

Ravenswood
Sonoma

Joel Peterson, um imunologista profissional, apaixonou-se pelo vinho na década de 1970. Ele produziu 327 caixas em 1976, e em 1991 sua vinícola Redwood tinha sido reconhecida por seus excelentes tintos. A produção se expandiu e Peterson comprou uma vinícola desativada em Sonoma. A sala de degustação logo ficou cheia, provando vinhos e

Mary Ann Graf foi a primeira mulher americana a obter um diploma de enologia, em 1965, e é uma das enólogas mais conhecidas de Sonoma

comprando camisetas com o lema: "No Wimpy Wines" (Nada de vinhos insossos). Na década de 1990, continuou produzindo vinhos de vinhedo único, mas seu foco principal era uma linha mais acessível chamada Vintners Blend, conhecida pelos felizes bebedores como o "Vinho Barato do Povo" e por Peterson como "Chateau Fluxo de Caixa". Em 2001, a enorme Constellation Brands comprou a Ravenswood, fazendo dessa vinícola-butique um pequeno pedaço da tapeçaria do setor. Mas Peterson permaneceu no cargo e a sala de degustação continuou lotada. Poucos visitantes sabem que a produção anual subiu para cerca de 400 mil caixas. *18701 Gehricke Road, Sonoma • 707 933 2332 • www.ravenswood-wine.com* *tinto, branco* ★ *Vintners Blend, County Series, Vineyard Designates*

Ravenswood

Windsor Vineyards
Sonoma

A Windsor é forte. De propriedade da gigante vinícola australiana Foster's, e com 1 milhão de clientes em todo o mundo, é a principal operadora norte-americana no mercado de brindes empresariais e presentes, nicho em que atua desde 1959. Embora a maior parte de seus negócios seja feita por meio de catálogo e internet, a Windsor tem um centro de degustação em Healdsburg, onde os visitantes podem provar a ampla gama de varietais e cortes e avaliar o design de seus rótulos personalizados, que permitem o fluxo de caixa. *Windsor Vineyards, Center St, Healdsburg • 800 289 9463 • www.windsorvineyards.com* *tinto, branco, sobremesa, espumante* ★ *Petite Syrah Private Reserve, Chenin Blanc, Carignane Private Reserve*

Outros Produtores de Sonoma County

Alexander Valley Vineyards *8644 Highway 128, Healdsburg • 800 888 7209 • www.avvwine.com*

Carmenet *1700 Moon Mountain Rd, Sonoma • 707 996 5870 • www.carmenetwinery.com*

Chalk Hill *10300 Chalk Hill Rd, Healdsburg • 707 838 4306 • www.chalkhill.com*

Coturri *6725 Enterprise Rd, Glen Ellen • 707 525 9126 • www.coturriwinery.com*

Davis Bynum *8075 Westside Rd, Healdsburg • 800 826 1073*

Dumol *11 El Sereno, Orinda • 925 254 8922 • www.dumol.com*

Flowers *28500 Seaview Rd, Cazadero • 707 847 3661 • www.flowerswinery.com*

Geyser Peak *22281 Chianti Rd, Geyserville • 707 433 0524 • www.geyserpeakwinery.com*

Hacienda *20580 8th Street East, Sonoma • 707 938 3220*

Hartford Family Winery *8075 Martinelli Rd, Forestville • 707 887 1756 • www.hartfordwines.com*

Kunde Estate *10155 Sonoma Hwy, Kenwood • 707 833 5501 • www.kunde.com*

Landmark *101 Adobe Canyon Rd, Kenwood • 707 833 0053 • www.landmarkwine.com*

Laurel Glen *Glen Ellen • 707 526 3914 • www.laurelglen.com*

Martinelli *3360 River Road, Windsor • 800 346 1672 • www.martinelli winery.com*

Nalle Winery *2383 Dry Creek Rd, Healdsburg • 707 433 6062 • www.nallewinerycom*

Rochioli Vineyard *6192 Westside Rd, Healdsburg • 707 433 2305*

Seghesio Family Vineyards *14730 Grove Street, Healdsburg • 707 433 3579 • www.seghesio.com*

St. Francis *100 Pythian Rd, Santa Rosa • 800 543 7713 • www.stfranciswine.com*

Williams Selyem *6575 Westside Rd, Healdsburg • 707 433 6425 • www.williamsselyem.com*

Áreas Vinícolas de Mendocino e Lake County

Mendocino compartilha a versatilidade de Sonoma, produzindo bons Chardonnay e Viognier, tintos robustos, especialmente Zinfandel, e bons vinhos espumantes. Apesar de ser uma região relativamente pequena, com 6 mil ha plantados e menos de 40 vinícolas, apresenta considerável diversidade. O Anderson Valley tem uma temporada de amadurecimento muito fria, às vezes demais, sobretudo nos vinhedos em terras mais baixas. Aqui, os vinhos brancos altamente aromáticos ganham destaque. Riesling e Gewürztraminer, que amadurecem bem na Alemanha, geralmente são bons no Anderson Valley. A casa de champanhe francesa Roederer enxergou rapidamente o potencial do Anderson Valley para cultivar uvas para vinhos espumantes. Os vales mais quentes situados no interior, como Redwood e McDowell, têm as condições para amadurecer Cabernet Sauvignon e Chardonnay. Escondidos nessas regiões há vinhedos muito antigos que continuam produzindo e são muito valorizados pelos vinicultores de toda a Califórnia. A viticultura orgânica, introduzida pela família Fetzer *(pág 60)*, foi adotada e promovida em todo o condado *(pág 63)*. As AVAs mais importantes de Mendocino estão listadas na página ao lado.

argila, cascalho, vulcânica, argila vermelha, marga, aluvial *Cabernet Sauvignon, Zinfandel, Petite Sirah, Pinot Noir, Syrah, Barbera* *Gewürztraminer, Riesling, Chardonnay, Pinot Gris, Sauvignon Blanc* *tinto, branco, espumante*

Vinícola Fetzer

Anderson Valley, Serras de Mendocino e Planaltos de Yorkville

A AVA Anderson Valley acompanha o rio Navarro e é a região mais próxima do Pacífico. Alguns setores são claramente frios e enevoados por causa da influência marítima, e em alguns anos a região é tão fria que as uvas não amadurecem ou sucumbem à podridão, devido à umidade climática. Apesar disso, muitas variedades são plantadas aqui, e uvas como Riesling, Gewürztraminer e Chardonnay podem se sair especialmente bem, assim como Pinot Noir. A região produz um vinho espumante excepcional, sobretudo na vinícola Roederer, de propriedade francesa *(pág 63)*, que se estabeleceu aqui em 1982.

Alguns vinhedos antigos excelentes entre Anderson Valley e o Pacífico têm sua própria AVA, chamada Mendocino Ridges (serras de Mendocino). Estas são plantadas principalmente com Zinfandel a mais de 350m. A AVA Yorkville Highlands é a extensão sul do Anderson Valley e é consideravelmente mais quente. Ela representa apenas cerca de 10% dos 400ha de vinhedos do Anderson Valley.

Págs 56-7 **Vinhedo ondulante em Knights Valley, Sonoma County**

Redwood Valley e Potter Valley

Alguns dos vinhedos mais antigos de Mendocino ficam na AVA Redwood Valley, que está mostrando uma enorme versatilidade em termos do que pode ser cultivado com sucesso aqui. Mais frio que o vizinho Ukiah, é quente o bastante para amadurecer a Zinfandel e variedades italianas, assim como um amplo leque de uvas brancas. A AVA Potter Valley, a leste de Redwood Valley, está numa altitude aproximada de 300m, por isso as uvas brancas (Chardonnay, Sauvignon Blanc) e algumas Pinot Noir são mais comumente plantadas. A maior parte das uvas se destina a produtores de vinho espumante.

Rótulo de McDowell

Ukiah Valley

Embora não seja realmente uma AVA, Ukiah Valley é uma grande região que se estende a norte de Hopland até Ukiah, produzindo uma parte substancial das uvas de Mendocino. Os melhores vinhedos, tintos e brancos, são plantados nos terraços junto ao rio Russian. Mais acima estão os vinhedos mais antigos, plantados com variedades italianas e do Rhône.

McDowell Valley

Essa pequena AVA na parte sul de Mendocino é mais ou menos um feudo da McDowell Valley Vineyards *(pág 61)*, especializada quase totalmente em variedades de uvas do Rhône. Os vinhedos são plantados com algumas das videiras Syrah mais antigas da Califórnia, que ainda dão vinho de primeira qualidade. O McDowell Reserve Syrah é defumado, com aroma de especiarias, e às vezes exibe um caráter de caça ou ligeiramente de geléia.

LAKE COUNTY

Este condado tem apenas uma sub-região, a AVA Clear Lake, que se situa a leste da Ukiah Valley e leva o nome do grande lago rodeado de vinhedos bastante produtivos. Apesar de ser uma região quente, é muito conhecida por seus Sauvignon Blancs e Cabernet Sauvignons, uvas que são extensamente cultivadas na área. Os dias quentes são temperados por noites resfriadas pelo ar que desce das montanhas. Muitas vinícolas compram uvas da área de Clear Lake e estão desenvolvendo vinhedos aqui. *vulcânica, aluvial* *Cabernet Sauvignon, Zinfandel, Merlot* *Sauvignon Blanc, Chardonnay* *tinto, branco*

A Conexão Italiana de Mendocino

Grande parte da terra de Mendocino foi originalmente colonizada por famílias italianas. Daniel Gobbi, que nasceu na Itália em 1823, instalou-se em terras perto de Ukiah em 1856. Entre fases de criação de porcos ou gado, ele plantou 4ha de Zinfandel e foi o primeiro viticultor de Mendocino. Outros italianos o seguiram, plantando principalmente Petite Sirah e Zinfandel, mas poucos vinhedos e nenhuma vinícola sobreviveram à Lei Seca. Na década de 1920, outra família italiana, os Parducci, que tinham aprendido a fazer vinhos em sua Toscana natal, mudou-se de Sonoma para as terras mais baratas de Mendocino. Eles construíram uma nova vinícola em Ukiah, que funcionou logo após o fim da Lei Seca, em 1933. Até 1968 a Parducci foi a única vinícola de Mendocino, e agora se chama Mendocino Wine Co. (www.mendocinowinecompany.com).

Mendocino foi batizado pelo navegador espanhol Juan Cabrillo em 1542, em homenagem a seu patrão, Antonio de Mendoza, vice-rei da Nova Espanha

Vinhedo no Anderson Valley, área relativamente fresca de Mendocino

Grandes Produtores de Mendocino

Fetzer
Mendocino

Em 1958 Barney e Kathleen Fetzer compraram uma fazenda arruinada em Redwood Valley e começaram a restaurar a propriedade e a plantar vinhas. Passou-se uma década antes que eles comemorassem seu primeiro lançamento comercial. Em mais uma década a família estava produzindo cerca de 30 mil caixas por ano de tintos, originários de viticultores locais, e começando a produzir brancos. A propriedade The Valley Oaks foi adquirida em 1984, e Fetzer decidiu cultivá-la organicamente. A produção em meados dos anos 1980 já superava 500 mil caixas; estas se multiplicaram para 2,2 milhões em 1992, quando a empresa foi comprada pela Brown Forman Corporation. Apesar de a família Fetzer não estar mais envolvida com a famosa vinícola que leva seu nome, a operação manteve fidelidade a seus princípios. Fetzer foi um pioneiro na viticultura orgânica na Califórnia, e hoje oferece dez vinhos orgânicos sob seu rótulo Bonterra. Embora muitas das uvas venham de Mendocino, algumas têm outras origens. Adotando enérgicas práticas eficientes e sustentáveis quandro possível, a companhia declarou sua intenção de usar uvas 100% orgânicas até 2010 – meta ambiciosa para uma grande empresa.

Bonterra, da Fetzer

Hoje a Fetzer vende 3 milhões de caixas de vinho por ano, das quais um número considerável é exportado para o Reino Unido. O segredo desse sucesso é o excelente valor que os vinhos oferecem. A linha básica é chamada Bel Arbor; as linhas Barrel Select e Reserve têm qualidade maior. Os vinhos brancos são ágeis e frescos; os tintos são carregados de sabor frutado. ✆ *Valley Oaks Visitor Center, Hopland • 707 744 7600 • www.fetzer.com* ☐ *tinto, branco* ★ *Bonterra Viognier, Barrel Select Zinfandel*

VINCENT GASNIER TOP 10 Melhores Casas de Espumantes

1. **Domaine Carneros** Vale do Napa *pág 38*
2. **Scharffenberger** Mendocino *pág 63*
3. **Mumm Napa** Vale do Napa *pág 42*
4. **Roederer Estate** Mendocino *pág 62*
5. **Domaine Chandon** Vale do Napa *pág 38*
6. **Argyle** Willamette Valley *pág 106*
7. **Dr. Konstantin Frank** Finger Lakes *pág 122*
8. **Wente** Baía de San Francisco *pág 81*
9. **Gloria Ferrer** Sonoma *pág 52*
10. **Handley Cellars** Mendocino *pág 61*

Greenwood Ridge
Mendocino Ridges

Muitos vinhedos de Allan Green ficam em locais elevados, nos morros que rodeiam o Anderson Valley. A casa tornou-se inadvertidamente a pioneira da AVA Mendocino Ridges, criada para identificar locais de maior elevação. Os vinhos Riesling, Pinot Noir, Ca-

A Fetzer é a maior plantadora de uvas orgânicas certificadas na AVA North Coast, e uma das maiores do mundo

bernet e Merlot vêm das serras. As uvas vêm de outros vinhedos de Mendocino para Chardonnay e Sauvignon Blanc. *5501 Hwy 128, Philo • 707 895 2002 • www.greenwoodridge.com* *tinto, branco* ★ *Estate Merlot, Estate Chardonnay*

Handley Cellars
Mendocino / Anderson Valley e outras áreas

Milla Handley fundou esta vinícola perto de Philo no Anderson Valley em 1982, dedicando-se inicialmente ao vinho espumante. O vinhedo de seu pai no Dry Creek Valley em Sonoma fornece uvas para alguns de seus vinhos, mas é no vinhedo da propriedade que Handley planta suas próprias Pinot Noir, Chardonnay e Gewürztraminer. Este vinhedo é cultivado com métodos sustentáveis desde 1990, e conseguiu a certificação orgânica plena em 2005. Os vinhos espumantes de Handley sempre foram muito elogiados, mas a produção é estritamente limitada, o que contrasta com a produção em grande escala de sua vizinha Roederer. No entanto, quando os espumantes acabam, os varietais tinto e branco também valem a pena. *3151 Hwy 128, Philo • 707 895 3876 • www.handley-cellars.com* *espumante, branco, tinto* ★ *Brut Estate, Brightlighter White, Handley Syrah*

McDowell Valley Vineyards
Mendocino

As vinhas Syrah plantadas aqui datam de 1948 e 1959, o que as torna das mais antigas dessa espécie na Califórnia. São usadas para o maravilhoso Reserve, mas o engarrafamento regular de Syrah também é suculento e intrigante. Todos os outros vinhos são de variedades do Rhône, incluindo um excelente exemplo da capciosa Viognier, assim como agradáveis Marsanne e Grenache *rosé* seco. *3811 Hwy 175, Hopland • 707 744 1053 • www.mcdowellsyrah.com* *tinto, branco* ★ *Viognier, Reserve Syrah*

Espumantes de Mendocino

No início da década de 1980, Louis Roederer investiu US$15 milhões na compra de terras, plantou 200ha de vinhedos e construiu uma vinícola de primeira linha no Anderson Valley *(pág 62)*. Os mestres enólogos da famosa casa de Champagne estavam convencidos de que o clima mais frio daqui era adequado à produção de ótimos vinhos espumantes. Mas o primeiro vinho da Roederer Estate, de um corte de 1986 e de classificação NV (Non Vintage, ou sem safra), foi obtido pelo decepcionante método de fermentação na garrafa *(méthode champenoise)*. Felizmente, a situação foi revertida com a safra do ano seguinte, e a mistura baseada em 1987 foi recebida com entusiasmo pelos apreciadores de vinho espumante de todo o mundo. A qualidade dos espumantes da propriedade se manteve desde então – eles são ricos, estruturados e exibem uma complexidade que lembra os da Champagne. Próximos da Roederer, os Scharffenberger Cellars *(pág 63)* produzem um estilo muito diferente de vinho espumante, que é leve e elegante, com finos sabores de fruta. Essas diferenças mostram como o *terroir* é diversificado em Mendocino. A Handley Cellars *(acima)* é outra produtora que tem sucesso com espumantes, que em Mendocino são geralmente feitos de Chardonnay misturada com Pinot Noir e um pouco de Pinot Meunier.

Uva Chardonnay

Os rótulos de vinho espumante nos EUA costumam usar a descrição Brut *para vinhos secos e* Sec *ou* Demi-sec *para doces*

Monte Volpe

Mendocino

Os ancestrais de Greg Graziano eram típicos agricultores imigrantes em Mendocino que cultivavam vinhas antes da Lei Seca. A vinícola Monte Volpe ("monte raposa") honra suas tradições especializando-se em varietais italianos como Primo Bianco, Primo Rosso, Sangiovese, Peppolino e Montepulciano. Graziano não pôde imitar as colinas do Piemonte ou de Friuli nos planaltos de Mendocino, por isso nem todos os vinhos são bem-sucedidos. De modo geral, porém, Graziano (que tem a paixão e o espírito de um missionário) faz um excelente trabalho e tem a coragem de produzir boas versões de vinhos que nem sempre são fáceis de vender. Outras marcas incluem Saint Gregory, que lança vinhos da variedade Pinot, enquanto a Enotria se concentra nas variedades do Piemonte, como Nebbiolo e Barbera. *Degustação 13251 S Hwy 101, Ste 3, Hopland • 707 744 8466 • www.grazianofamilyofwines.com tinto, branco ★ Monte Volpe Pinot Bianco, Enotria Barbera*

Navarro

Mendocino

Em 1973, Ted Bennett e Deborah Cahn compraram uma grande fazenda de carneiros no Anderson Valley, com a intenção de criá-los, embora não soubessem nada do assunto. Mas acabaram dominando a arte de cultivar uvas. Aprenderam rapidamente que deveriam compensar o clima imprevisível da região com diversificação de clones e enxertos. Assim, plantaram 34ha com variedades de clima frio e desde então criaram uma grande reputação para seus vinhos. Os Rieslings Navarro estão entre os melhores da Califórnia, sempre apoiados por viva acidez. O Pinot Noir é envelhecido em pequenos barris franceses e pode ser impressionante. *5601 Hwy 128, Philo • 707 895 3686 • www.navarrowine.com tinto, branco ★ Riesling, Pinot Noir Méthode à l'Ancienne*

Fazenda Navarro no Anderson Valley

VINCENT GASNIER TOP 10 — Vinhos Orgânicos ou de Agricultura Sustentável

1. **Fetzer: Bonterra** Mendocino *pág 60*
2. **Lemelson Vineyards** Oregon *pág 108*
3. **Spottswoode** Vale do Napa *pág 44*
4. **Frog's Leap** Vale do Napa *pág 40*
5. **Gallo of Sonoma** Sonoma *pág 52*
6. **Handley Cellars** Mendocino *pág 61*
7. **Viader Vineyards** Vale do Napa *pág 45*
8. **Heller** Monterrey Carmel Valley *pág 87*
9. **Coturri** Sonoma *pág 55*
10. **Rubicon Estate: Niebaum-Coppola** Vale do Napa *pág 34*

Roederer Estate

Mendocino / Anderson Valley

A maioria das produtoras francesas de Champagne que buscam vinhedos na Califórnia preferem Carneros ou o sul de Napa, mas Jean Claude Rouzaud, diretor da Louis Roederer, escolheu o Anderson Valley *(pág 61)*. Esta filial da Roederer

Para ser chamado de "orgânico," um vinho americano precisa seguir critérios rígidos, enquanto "cultivo sustentável" não tem definição jurídica

foi fundada 1981. O clima frio e incerto dá aos vinhos uma coluna vertebral de acidez necessária aos bons espumantes. O vinicultor atual, Arnaud Weyrich, obteve o doutorado em enologia na prestigiosa escola francesa em Montpellier. O Estate Brut é a garrafa básica, e às vezes parece tão boa quanto a *cuvée* mais prestigiosa, a safra Ermitage. O terceiro vinho é um *rosé* espumante. Muitos espumantes da Califórnia têm fruta mas carecem de finesse; os vinhos da Roederer Estate têm ambas. *4501 Hwy 128, Philo • 707 895 2288 • www.roedererestate.net* *espumante ★ Estate Brut, Rosé, L'Ermitage*

Scharffenberger Cellars
Mendocino / Anderson Valley
Fundada em 1981, esta casa de vinhos espumantes já passou por diversos donos, incluindo a marca Pacific Echo de 1998 a 2004. Hoje, é propriedade da Maisons Marques & Domaines, que ficou tão impressionada com o produto que comercializa essa pequena vinícola ao lado de famosas exportações de champanhe francês. Apesar dos problemas, o enólogo Tex Sawyer está aqui desde 1989 e continua criando cortes de espumantes de alta qualidade das uvas Chardonnay e Pinot Noir, usando o tradicional *méthode champenoise* de fermentação na garrafa. Contratos de longo prazo com os plantadores do Anderson Valley garantem um padrão confiável de uvas. *8501 Hwy 128, Philo • 707 895 2957 • www.mmdusa.net* *espumante ★ Scharffenberger Brut*

Guenoc Estate
Lake County
Esta propriedade – a única vinícola na pequena sub-AVA de Guenoc Valley no Lake County – tem uma história interessante. Foi plantada com vinhas pela primeira vez em 1854, e de 1888 a 1906 era propriedade da famosa atriz Lillie Langtry, que declarou que produziria "o melhor clarete do país". Como outras vinícolas fundadas no século 19, ela sofreu anos de negligência na primeira metade do século 20. Mas a família Magoon, que comprou a Guenoc em 1963, a situou como produtora de ótimos vinhos e a estabeleceu como principal produtora na Califórnia da variedade Petite Sirah. Nos últimos anos a casa investiu em instalações de alta tecnologia, e a chegada em 2005 do astro da enologia Bob Broman sugere que a Guenoc está apostando num futuro excelente. *21000 Butts Canyon Rd, Middletown • 707 987 2385 • www.guenoc.com* *tinto, branco, fortificado ★ Langtry Meritage Red Wine, Genevieve Magoon Vineyard Reserve, Guenoc Valley Vintage Port*

Viticultura Ecológica

Mendocino é líder em viticultura orgânica – em 2005, pelo menos 25% das uvas do condado eram certificadas como orgânicas. No restante do estado, só 5%. Para ter essa certificação, os vinhos dos Estados Unidos precisam seguir limitações estritas sobre o uso de substâncias químicas e outras práticas. Enquanto alguns produtores menores, como a Frog's Leap *(pág 40)*, usam 100% de uvas orgânicas certificadas, isso é muito difícil para os grandes produtores. No entanto, mesmo grandes casas – como Gallo, Beringer e especialmente Fetzer – estão cada vez mais praticando agricultura sustentável ou natural, e só recorrem a substâncias inorgânicas como último recurso. As práticas sustentáveis incluem o uso de fertilizantes naturais e vinhedos cobertos, energia solar, reciclagem da água e a libertação de milhões de joaninhas como maneira natural de controlar insetos e parasitas.

CENTRO-SUL DA CALIFÓRNIA

CENTRO-SUL DA CALIFÓRNIA

AO SUL DE SAN FRANCISCO, *Monterey abriga os maiores vinhedos comerciais da Califórnia, e sub-AVAs como Carmel Valley e Chalone estão ficando famosas. San Luis Obispo, especialmente Paso Robles, produz vinhos tintos suaves, e o Santa Barbara County, mais ao sul, está se especializando no cultivo de variedades de Chardonnay, Pinot Noir e Rhône. No interior fica o imenso Central Valley, onde se situa grande parte da indústria vinícola do país.*

A História Antiga

San Diego, perto da fronteira mexicana, foi o local de cultivo das primeiras vinhas da Califórnia, no século 18 por missionários espanhóis *(pág 23)*. Os vinhedos foram plantados na área ao sul da baía de San Francisco na década de 1830, e no fim do século 19 o Santa Clara County já tinha uma florescente indústria vinícola. Um colono nascido na França, Etienne Thée, fundou os Almaden Vineyards perto de Los Gatos na década de 1850: estes foram herdados pelo genro de Thée, Charles Lefranc, que foi um dos primeiros viticultores a plantar variedades européias na Califórnia. Lefranc foi seguido mais tarde por Paul Masson *(pág 67)*. Enquanto isso, os irmãos italianos Picchetti foram pioneiros em se instalar e cultivar vinhas na serra de Montebello. As vinícolas Almaden e Picchetti ainda existem e estão entre as mais antigas da Califórnia. No fim do século 19, encontravam-se áreas de vinhedos em todo o centro-sul do estado. Por exemplo, o Santa Ynez Valley, no Santa Barbara County, tinha uma pujante indústria vinícola antes da Lei Seca, mas a maioria dos vinhedos se perdeu nessa época. Somente um punhado de vinícolas, como a de Paul Masson, sobreviveu aos anos 1920 e 30, vendendo uvas no atacado e recebendo classificação especial como produtoras de vinhos "medicinais".

Legenda

AVAs do Centro-Sul da Califórnia

A Indústria pós-Lei Seca

Em 1933, dois irmãos sem dinheiro, Ernest e Julio Gallo, abriram uma pequena vinícola em Modesto, no Central Valley. Sua produção cresceu em um ritmo fenomenal, ajudada pela comercialização em massa depois de 1945. Com os Gallo, a região se tornaria o cenário do maior império

VINCENT GASNIER TOP 10 Vinhos Soberbos para Celebrar

1. **Opus One** (tinto) Vale do Napa *pág 42*
2. **Dominus: Cabernet Sauvignon** (tinto) Vale do Napa *pág 39*
3. **Ridge Vineyards: Monte Bello** (tinto) Baía de San Francisco *pág 80*
4. **Kistler: Pinot Noir** (tinto) Sonoma *pág 54*
5. **Williams Selyem: Pinot Noir** (tinto) Sonoma *pág 55*
6. **Colgin: Abreu** (tinto) Vale do Napa *pág 37*
7. **Colgin** (outros tintos) Vale do Napa *pág 37*
8. **Caymus: Cabernet Sauvignon** (tinto) Vale do Napa *pág 37*
9. **Harlan Estate** (tinto) Vale do Napa *pág 40*
10. **Domaine Drouhin: Chardonnay or Pinot Noir** (tinto ou branco) Willamette Valley *pág 107*

Págs 64-5 **Vinhedos no final do verão diante das Santa Lucia Mountains, San Luis Obispo County**

Vinhedos no Arroyo Grande Valley, San Luis Obispo

de vinhos do mundo *(pág 83)*. No entanto, nem o Central Valley nem a baía de San Francisco têm as condições ideais para viticultura. Nos anos 1950, pesquisadores da Universidade da Califórnia identificaram o clima mais fresco ao sul, em Monterey, como melhor para essa finalidade. Duas grandes companhias na época, Paul Masson e Mirassou, foram as primeiras a se instalar em 1957, comprando 530ha de terra no Salinas Valley. Depois, Bonny Doon, Chalone e Mount Eden confirmaram Monterey como área ideal para se obter vinhos de alta qualidade.

Avanços Recentes

Ao sul de Monterey, a área que vai de Paso Robles até o Santa Ynez Valley começou a ser replantada com vinhas na década de 1970, e está rapidamente ganhando reconhecimento. Santa Barbara tornou-se um dos lugares preferidos para especialistas em Pinot Noir. Essas vinhas foram plantadas originalmente com o objetivo de suprir a indústria de espumantes mais ao norte, mas o mesoclima em Monterey – a 26km da costa – é ideal para a elaboração de vinhos que se equiparam aos da Borgonha. Cabernet Sauvignon e Chardonnay também estão dando vinhos de qualidade internacional em partes da região costeira central.

O Rei do Champanhe da Califórnia

Paul Masson é um dos nomes mais famosos na história do vinho californiano. Nascido na Borgonha em 1859, Masson veio para a Califórnia em 1878, onde sua associação com o viticultor Charles Lefranc o levou a interessar-se por vinhos. Operando das bases nos Almaden Vineyards em Los Gatos e nas montanhas Santa Cruz, seus vinhos espumantes e sua vida social elegante lhe deram a fama de "Rei do Champanhe da Califórnia". Masson morreu em 1940, mas seu nome permanece na famosa marca. Orson Welles ajudou a comercializá-la na década de 1970, declarando: "Não venderemos vinho antes da hora". Hoje, é propriedade da Constellation *(pág 121)*.

Mapa Vinícola do Centro-Sul da Califórnia

A AVA Central Coast é bastante vasta, estendendo-se por cerca de 400km de San Francisco no norte a Santa Barbara no sul e incluindo cerca de 360 vinícolas e 37 mil ha de vinhedos. Ela é subdividida em outras AVAs e sub-AVAs, sendo as maiores San Francisco Bay, Monterey, San Luis Obispo e Santa Barbara. No interior, a enorme AVA Central Valley é a origem da maioria dos vinhos de mesa norte-americanos. A AVA Southern California fica mais ao sul, fazendo parte de um grupo pouco homogêneo de AVAs que vão de Los Angeles até a fronteira com o México.

PRINCIPAIS AVAs E GRANDES PRODUTORES

San Francisco Bay *pág 70*
JC Cellars *pág 80*
Ridge Vineyards *pág 80*
Testarossa *pág 80*
Wente Vineyards *pág 81*

Monterey e San Benito *págs 70-2*
Calera Wine Company *pág 82*
Chalone Vineyard *pág 81*
Paraiso Springs *pág 81*

San Luis Obispo *págs 72-3*
Alban Vineyards *pág 82*
Bonny Doon *pág 81*
Justin Vineyards *pág 82*
Meridian *pág 82*
Tablas Creek *pág 82*
Wild Horse *pág 84*

Santa Barbara County *págs 74-5*
Andrew Murray *pág 84*
Arcadian *pág 84*
Au Bon Climat *pág 84*
Blackjack Ranch *pág 85*
Byron *pág 85*
Firestone *pág 85*
Ojai Vineyard *pág 86*
Rancho Sisquoc *pág 86*
Sanford *pág 86*

Sierra Foothills *págs 76-7*
Domaine de la Terre Rouge *pág 86*

Central Valley *pág 77*
Gallo *pág 83*
Quady Winery *pág 87*

Southern California *pág 77*
Moraga Vineyards *pág 87*

Vinhedos sob as Santa Lucia Mountains

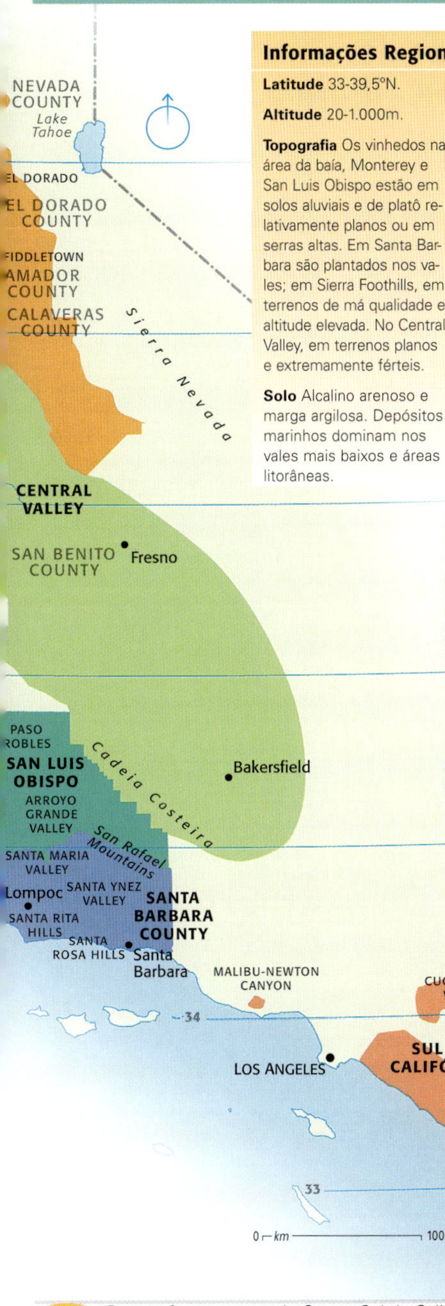

Informações Regionais Básicas

Latitude 33-39,5°N.

Altitude 20-1.000m.

Topografia Os vinhedos na área da baía, Monterey e San Luis Obispo estão em solos aluviais e de platô relativamente planos ou em serras altas. Em Santa Barbara são plantados nos vales; em Sierra Foothills, em terrenos de má qualidade e altitude elevada. No Central Valley, em terrenos planos e extremamente férteis.

Solo Alcalino arenoso e marga argilosa. Depósitos marinhos dominam nos vales mais baixos e áreas litorâneas.

Clima Os invernos no centro e no sul da Califórnia são amenos, mas podem ser úmidos. Os verões são às vezes surpreendentemente frescos e temperados. Os locais próximos ao oceano são mais frios que os do interior, com o surgimento ocasional de bancos de neblina.

Temperatura A média em julho (verão) é de 21,3°C.

Chuvas A média anual é de 400mm.

Problemas para a viticultura Doença de Pierce, geadas na primavera e amadurecimento rápido ou tardio.

Rótulo de Wild Horse, San Luis Obispo

Boas safras recentes do Centro-Sul da Califórnia incluem as de 1994, 1995, 1998, 1999, 2000, 2003 e 2005

Áreas Vinícolas do Centro-Sul da Califórnia

Baía de San Francisco

Esta foi uma importante região vinícola no final do século 19, mas muitos vinhedos foram destruídos pelo filoxera. A expansão dos subúrbios de San Francisco também limitou a potencial área vinícola.

A mais importante sub-AVA hoje é **Livermore Valley**, a leste da baía de San Francisco. Ela é plantada principalmente com uvas brancas – incluindo Sauvignon Blanc tirada de podas do Château d'Yquem na França na década de 1880 – e dominada pelo grupo de vinícolas Wente. Ao sul da baía fica a AVA **Santa Cruz Mountains**, que produz ótimo Cabernet Sauvignon e outras uvas em altitudes superiores. A maioria dos vinhedos nessa área é remota e dispersa. As outras sub-AVAs são tão pequenas e marginais que seus nomes raramente são vistos nos rótulos. Entre San Jose e Gilroy fica o **Santa Clara Valley**, cuja indústria vitícola, outrora pujante, hoje está perto da extinção devido ao crescimento urbano.

Muitas vinícolas ao sul da baía de San Francisco, incluindo Bonny Doon e Ridge *(págs 80-1)*, compram uvas suplementares de outras regiões. *Cascalho, marga, xisto* *Cabernet Sauvignon, Pinot Noir, Zinfandel* *Chardonnay, Sauvignon Blanc, Sémillon* *tinto, branco, espumante*

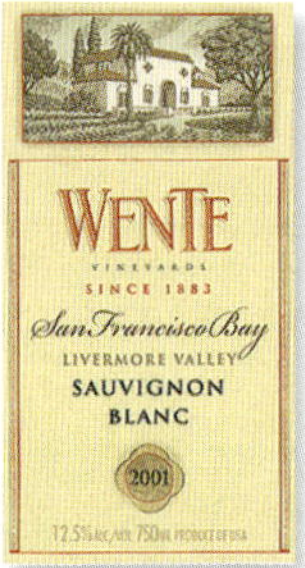

Wente Vineyards, Livermore Valley

Monterey County

A região de Monterey começa em Watsonville e continua na direção sudeste pelo Salinas Valley. Entre os anos 1950 e 1960 especialistas em viticultura recomendaram o vale como um bom lugar para Cabernet Sauvignon. Calcularam que havia horas de sol suficientes para amadurecer a Cabernet, mas não levaram em conta os fortes ventos frios que sopram no vale e inibem o amadurecimento. Muitos dos primeiros vinhos de Monterey tinham um desagradável caráter vegetal. No entanto, os antigos problemas foram corrigidos e a região é mais conhecida por seus varietais brancos: Chardonnay, Riesling e outros. Há algumas sub-regiões onde cepas de uvas tintas de Bordeaux podem amadurecer, mas em termos de vinho tinto Monterey em geral é mais adequado a Pinot Noir e Syrah.

VINCENT GASNIER TOP 10 Bons Vinhos Brancos dos EUA

1. **Kistler: Chardonnay** Sonoma *pág 54*
2. **ZD: Chardonnay** Vale do Napa *pág 45*
3. **Blackjack Ranch: Chardonnay** Santa Barbara County *pág 85*
4. **Rancho Sisquoc** Santa Barbara County *pág 86*
5. **Arrowood: Saralee's Vineyard Viognier** Sonoma *pág 50*
6. **Martinelli: Three Sisters** Sonoma *pág 55*
7. **Dumol: Chloe Chardonnay** Sonoma *pág 55*
8. **Cuvaison: Carneros Estate** Vale do Napa *pág 38*
9. **Peter Michael: Sauvignon Blanc L'Après-Midi** Sonoma *pág 54*
10. **Walter Hansel: Chardonnay** Santa Barbara County *pág 87*

Vinhedo Chalone sob o Pinnacles National Monument, Gavilan Mountains

A AVA **Monterey**, que inclui todo o condado, se aplica principalmente ao Salinas Valley, que é conhecido por suas fazendas de legumes. A extremidade norte do vale é muito fria, mas ele torna-se progressivamente mais quente a sudeste, conforme diminui a influência marítima. Altos investimentos permitiram que grandes empresas se estabelecessem na área. A Kendall Jackson de Sonoma *(pág 53)* é uma das maiores, com os seus 1.000ha. O vinhedo San Bernabe é o maior da Califórnia, com 3,5 mil ha de vinhedos. Mas poucos produtores estão baseados em Monterey, e a maior parte das uvas é vendida para grandes vinícolas de outros lugares. Chardonnay é a variedade mais importante, e os vinhos muitas vezes exibem um caráter de fruta tropical.

Os vinhedos da AVA **Carmel Valley** ficam em um vale verdejante entre o Salinas Valley e o oceano a oeste. O mesoclima no vale é mais quente que em Salinas, e de modo geral é livre de neblina. Embora os vinhedos estejam plantados em altitudes de até 600m, as variedades de tinto Bordeaux se saem bem aqui e representam 70% do plantio. Os vinhos são ricos, encorpados e estruturados. Algumas Chardonnay também são cultivadas. Entre as grandes vinícolas de nota neste distrito destacam-se Joullian, Heller e Georis *(pág 87)*.

Perto de Gonzalez, no lado oeste do Salinas Valley, há uma série de terraços, ligeiramente elevados do lado do vale, conhecidos como AVA **Santa Lucia Highlands**. É uma região de planaltos razoavelmente abrigados dos frios ventos do Pacífico que castigam o Salinas Valley e, logo acima da linha de neblina, abrigam alguns dos melhores vinhedos de Monterey. Há poucas vinícolas instaladas aqui, mas vinhedos extensos e renomados vendem suas uvas para diversos produtores. Algumas vinícolas da Costa Norte compraram terras na região. Pinot Noir e Syrah podem ser excelentes, assim como Riesling, cujos baixos preços no mercado fizeram com que muitos vinhedos investissem em variedades mais destacadas e lucrativas.

Chalone é uma AVA de uma só vinícola no alto (entre 550 e 600m) de Gavilan, no lado leste do Salinas Valley. Foi preciso coragem para plantar vinhas aqui em 1919, quando não havia eletricidade nem abastecimento adequado de água. A região se destacou só em 1965, quando o empresário Dick Graff chegou aqui. Hoje há cerca de 200ha cultivados e, depois de uma fase medíocre e uma mudança de enólogo, o Chalone Vineyard está mais uma vez em plena forma *(pág 81)*. As vinhas de 1919 do local são as mais antigas Chardonnay e Chenin Blanc.

A colheita em Monterey geralmente ocorre duas semanas depois das outras regiões vinícolas da Califórnia

Vinhedo Calera nas Gavilan Mountains, Mount Harlan

marga arenosa bem drenada, argila, marga aluvial, granito decomposto, calcário Pinot Noir, Syrah, Merlot, Cabernet Sauvignon Chardonnay, Riesling, Pinot Blanc, Sauvignon Blanc, Viognier tinto, branco

San Benito County

No lado leste de Gavilan, em San Benito County, há seis pequenas AVAs; **Mount Harlan** é a mais importante. Próxima de Monterey, merece consideração por seu *terroir*. O local foi escolhido em meados dos anos 1970 pelo entusiasta de Borgonhas Josh Jensen, devido a seu solo calcário, que ele acredita ser um dos segredos dos bons vinhos da Borgonha. A única vinícola aqui é a Calera Wine Company de Jensen *(pág 82)*, renomada por suas Chardonnay e Pinot Noir, plantadas a 700m, muito acima da linha de neblina. Os Chardonnays da região são confiáveis, e os Pinots são algumas vezes excepcionais. As outras AVAs do condado são usadas principalmente por produtoras de outros locais, incluindo a Beaulieu e a Williams Selyem; os vinhos são geralmente rotulados sob a AVA Central Coast. *Sedimento, marga,*

San Luis Obispo

O condado de San Luis Obispo inclui 10 mil ha de vinhedos, quatro excelentes sub-AVAs e cerca de 110 vinícolas. As condições mesoclimáticas variam muito; diversos vinhedos são plantados em terra razoavelmente plana, enquanto outros ficam em partes elevadas das Santa Lucia Mountains. Ao contrário de Monterey, que envia a maior parte de suas uvas para vinícolas fora de suas fronteiras, San Luis Obispo tem uma série de pequenas e prósperas vinícolas, que atraem muitos visitantes. Há um crescente interesse por variedades do Rhône na área. Os vinhos tintos (notadamente Cabernet Sauvignon, Syrah e Zinfandel) tendem a ser suaves e sedutores, enquanto as cepas da Borgonha adaptam-se às áreas mais frias.

A maior e mais quente sub-AVA

VINCENT GASNIER TOP 10 Melhores Produtores de *Rosés*

1. **Bonny Doon** Baía de San Francisco *pág 81*
2. **Joseph Phelps** Vale do Napa *pág 41*
3. **Verdad** Santa Barbara *pág 87*
4. **Eberle** San Luis Obispo *pág 87*
5. **Heitz Cellar** Vale do Napa *pág 40*
6. **Robert Mondavi** Vale do Napa *pág 43*
7. **Thornton** Sul da California *pág 87*
8. **V. Sattui** Vale do Napa *pág 45*
9. **Kongsgaard** Vale do Napa *pág 41*
10. **Beringer** Vale do Napa *pág 36*

do condado, e a que hoje goza de maior prestígio, é a **Paso Robles**.

Os vinhedos ficam a leste e oeste da cidadezinha de Paso Robles, e há cerca de 85 vinícolas nesta AVA. A leste estende-se um vasto platô, onde está plantada a maioria dos vinhedos. A oeste o terreno é muito diferente: mais montanhoso, com vinhedos em encostas isoladas entre as florestas das Santa Lucia Mountains. Os mesoclimas também são diferentes, já que os chamados vinhedos do lado oeste (Westside) recebem muito mais chuva do que os do platô, que é muito quente durante o dia. Porém, sua elevação de 400m propicia noites relativamente frias, por isso as uvas nunca são "tostadas". Os principais tipos de solo se formaram da decomposição de alguns elementos como, granito, serpentina, xisto e calcário.

Rótulo do Tablas Creek Vineyard, Paso Robles

De modo geral, os vinhos do platô de Paso Robles têm taninos suaves, são semi-encorpados e mostram um grande charme juvenil. Zinfandel, Cabernet Sauvignon e Syrah são melhores consumidos em cinco anos, mas podem ser guardados por mais tempo. Os vinhos do lado oeste refletem o terreno mais acidentado, têm taninos mais fortes e muitas vezes precisam de até cinco anos na garrafa para revelar sua complexidade e profundidade. Aqui há uma variedade de pequenas vinícolas, que vão de decididamente rústicas a sofisticadas operações de butique. Algumas delas se beneficiam da propriedade de antigos vinhedos de Zinfandel, e novos plantios de cepas do Vale do Rhône e de Bordeaux parecem uma grande promessa.

Junto ao Westside de Paso Robles fica a pequena AVA **York Mountain**, que tem um mesoclima bem mais frio que Paso Robles e é mais conhecida por variedades de tinto como Syrah e Pinot Noir, embora o amadurecimento possa ser problemático. Há alguns vinhedos e só uma vinícola aqui.

Logo ao sul da cidade de San Luis Obispo fica a AVA **Edna Valley**, que tem pouco em comum com Paso Robles. Aberta ao Pacífico a sul e a oeste, ela tem um forte clima marítimo e uma temporada de amadurecimento longo. A neblina pode provocar botrítis (podridão nobre) e outras doenças.

O Chardonnay tende a dominar, e os vinhos são geralmente ricos e redondos. Há cerca de 550ha em produção, com pouco espaço para expansão. A região é dominada por uma única vinícola, a Edna Valley. O sinuoso **Arroyo Grande Valley** é a extensão sudeste do Edna Valley. Grande parte dessa AVA tem um mesoclima semelhante ao da AVA vizinha, embora um pouco mais quente e com menos ventos, e tanto Chardonnay quanto Pinot Noir são cultivadas com grande sucesso. Para o interior, onde as temperaturas são mais elevadas, há pequenos bolsões de Zinfandel. Os Alban Vineyards, na borda oeste da sub-região, são um posto avançado de variedades do Rhône, de qualidade excepcional. A neblina e as brisas litorâneas afetam as condições na foz do vale. *Marga arenosa, argila sedimentar, depósitos e sedimentos marinhos, granito degradado e tufo e argila* *Cabernet Sauvignon, Zinfandel, Merlot, Syrah, Pinot Noir* *Chardonnay, Sauvignon Blanc, Viognier* *tinto, branco*

Paso Robles abriga diversas vinícolas dinâmicas que pertencem a um grupo conhecido como Rhône Rangers **pág 75**

Vinhedos e vinícola Byron no sopé de San Rafael, Santa Barbara County

Santa Barbara County

Em 1969, a superfície total de vinhedos no Santa Barbara County era inferior a 5ha; hoje são mais de 8 mil ha cobertos de videiras. A região era de pecuária, com pastagens ondulantes nos morros. Não foi difícil transformar algumas encostas suaves e fundos de vales em vinhedos.

Santa Barbara tem uma topografia única em seus vales no sentido leste-oeste – são os únicos com essa orientação em todo o litoral do Pacífico, do Alasca à Terra do Fogo. Tal orientação é benéfica para a viticultura, já que permite a entrada das brisas marítimas, muito boas para as cepas Chardonnay e Pinot Noir, da Borgonha. Já o interior é quente o bastante para as cepas Merlot, Syrah, Sauvignon Blanc, Riesling, Cabernet Franc e até Cabernet Sauvignon. Todas elas amadurecem bem na área, mas só em lugares específicos.

Diante do clima frio, a exposição ao sol é de suma importância, e os vinhedos plantados em locais de baixa insolação correm o risco de não amadurecer. Os viticultores gostam de indicar que Santa Barbara produziu vinhos interessantes desde o início, mesmo quando as vinhas eram plantadas mais ou menos aleatoriamente, sem grande conhecimento de seleção clonal e outras práticas vitícolas. Agora que essas questões são mais bem compreendidas, a qualidade provavelmente aumentará ainda mais.

A influência do mar faz com que os vinhedos da AVA **Santa Maria Valley** sejam dos mais frios da Califórnia. A maioria deles fica em terraços acima do fundo do vale, mas não nas serras mais expostas de San Rafael, ao norte. Muitos desses vinhedos são grandes e de propriedade de produtores baseados na Costa Norte, como Robert Mondavi, Kendall Jackson e Beringer. Também há grandes vinhedos comerciais, como Bien Nacido, que vendem uvas para vinícolas de todo o estado. Chardonnay é de longe a variedade dominante; a uva pode ter uma firme estrutura ácida, o que é incomum na Califórnia, e essa acidez consolida a intensidade do sabor das uvas. O vinho tem muitas vezes um exótico sabor de salada de frutas, o que pode ser um "gosto adquirido". A Pinot Noir também é cultivada com sucesso em Santa Maria.

O **Santa Ynez Valley** situa-se ao sul do Santa Maria Valley e curva-se para o interior a partir da cidade de Lompoc. A cada 3km do oceano as temperaturas médias aumentam cerca de 0,5°C, de modo que há uma diferença marcante entre locais a oeste, como a vinícola Sanford e os vinhedos Benedict, e outros a leste como os vinhedos Firestone e Zaca Mesa. Isso significa que é possível cultivar várias cepas, como variedades da Borgonha e Riesling saindo-se bem no oeste, mais fresco, e as de Bordeaux e do Vale do Rhône produzindo bem no leste, mais quente. Merlot e Cabernet Franc são mais confiáveis que Cabernet Sauvignon, que pode exibir notas vegetais. A chuva é quase inexistente no verão, e as geadas de primavera são muito raras.

Sanford, Santa Rita Hills

A AVA **Santa Rita Hills** foi criada em 2001, a pedido de importantes plantadores como Richard Sanford e Bryan Babcock. Na maior parte um enclave da AVA Santa Ynez Valley, ela tem cerca de 500ha plantados com vinhas e é mais fria que o restante de Santa Ynez, muitas vezes sofrendo com a neblina. A cepa com maior potencial aqui é a Pinot Noir, que é escura e potente, mas fragrante. *Sedimento marinho, marga arenosa, marga argilosa, marga sedimentar, xisto, cálcio* *Pinot Noir, Merlot, Syrah* *Chardonnay, Riesling, Pinot Blanc, Sauvignon Blanc, Viognier* *tinto, branco, espumante*

Os Rhône Rangers da Califórnia

Desde a década de 1970, alguns produtores de vinhos afirmam com convicção que os climas quentes da Califórnia são mais adequados às cepas mediterrâneas do que as mais comuns da Borgonha e de Bordeaux. Esses "Rhône Rangers", ou "Patrulheiros do Ródano", se espalharam pela Califórnia. Seu fundador, Randall Grahm *(pág 81)*, da Bonny Doon Vineyard, presta homenagem em seus vinhos e rótulos a vinhos célebres do Mediterrâneo, enquanto a família Perrin, dona da melhor vinícola de Châteauneuf, o Château de Beaucastel, na França, plantou os melhores clones de variedades Rhône nas colinas a oeste de San Luis Obispo. Syrah, a uva arquetípica do Vale do Rhône, faz sucesso aqui e em Santa Barbara, onde o clima é quente mas não em excesso. Também há alguns Syrahs surpreendentes surgindo da rústica região de Sierra Foothills. A Grenache é muitas vezes usada nos *rosés* ricamente frutados, enquanto a Viognier mostrou-se mais difícil – talvez por causa da propensão da Califórnia a colocar tudo em carvalho novo e cobrar caro pelo resultado. Mesmo assim, Viogniers excitantes estão surgindo de lugares tão diferentes quanto Mendocino, Napa e Santa Barbara. Brancas menos conhecidas como Marsanne e Roussanne também são cultivadas, e alguns produtores da Costa Norte demonstram interesse pela antiga Carignan, justamente quando muitos produtores do sul da França estão eliminando a variedade de seus vinhedos. Os produtores incluem Fetzer, McDowell Valley Vineyards, Joseph Phelps, Tablas Creek Vineyard, Alban Vineyards e Andrew Murray Vineyards.

O Westside de San Luis Obispo

Vinhos Fortificados e Moscatéis Maravilhosos

Algumas décadas atrás, a indústria vinícola da Califórnia era dominada por vinhos fortificados, que davam aos consumidores mais álcool por seu dinheiro. Em geral, qualidade era sofrível, pois os produtores grosseiramente simulavam os estilos xerez e porto. Hoje esses vinhos podem estar fora de moda, mas há alguns exemplos superlativos que vale a pena experimentar. Os vinhos no estilo porto são feitos às vezes de Zinfandel, Petite Sirah ou mesmo Cabernet Sauvignon, e algumas vinícolas, incluindo a vasta operação Mondavi Woodbridge na AVA Lodi, produzem bons vinhos fortificados com uvas portuguesas como a Touriga Nacional. A região de Sierra Foothills, que nunca deixou a tradição de produzir vinhos fortificados, também é uma boa fonte desses vinhos e de ricos Moscatéis. No Central Valley, onde a qualidade raramente supera o medíocre, a Ficklin sempre se especializou em vinhos de estilo porto que estão habitualmente entre os melhores da Califórnia. O baluarte dos Moscatéis elegantes é a Quady *(pág 87)* de Central Valley, que domina a arte de produzir vinhos altamente aromáticos e – graças em parte às belas embalagens – fez deles um sucesso internacional.

Rótulo de Moscatel da Quady Winery

Sierra Foothills

O plantio da área de Sierra Foothills foi um subproduto da corrida do ouro na década de 1850, quando agricultores e empresários faziam vinho para os garimpeiros sedentos. No final dos anos 1860 havia 4 mil ha de vinhedos. Embora somente a metade esteja produzindo hoje, alguns vinhedos datam do final do século 19, e a área é possivelmente a mais fascinante região vinícola da Califórnia. O que torna Foothills tão intrigantes é a combinação de um vasto terreno, longa história vitícola (ainda evidente em diversas vinícolas antigas) e remanescentes de ligações com a época do ouro, por exemplo em Ironstone (www.ironstonevineyards.com), onde uma enorme pepita de ouro é exibida com orgulho. Os vinhedos estão em grandes altitudes, entre 400 e 900m, o que atenua o calor dessa região interiorana a leste de Sacramento. Sierra Foothills abriga quatro AVAs. **El Dorado** é a maior, sem vinhedos abaixo de 400m. Nela, há diversas cepas, incluindo Zinfandel, Barbera, Cabernet Sauvignon, Merlot, Chardonnay e Viognier. Mais ao sul de El Dorado, no Amador County, estão **Shenandoah Valley** e **Fiddletown**, ambas renomadas AVAs com suas velhas vinhas Zinfandel. A área mais meridional é o Calaveras County, que não tem AVA mas abriga algumas vinícolas importantes.

Os viticultores de Sierra Foothills são bastante heterodoxos. Há plantios substanciais de variedades do Vale do Rhône e italianas. Os vinhos fortificados podem ser excelentes, como os estilo porto feitos de Zinfandel e Barbera, e os ricos Moscatéis. Os padrões vitícolas variam, com instalações de primeira linha ao lado de vinícolas rústicas e medíocres.

Alguns vinhedos ficam às margens de Foothills, como as vinícolas do Nevada County. Os impres-

Syrah, a uva tinta clássica do Vale do Rhône, na França, é relativamente nova na Califórnia: foi introduzida na região na década de 1970

sionantes vinhedos em terraços da Renaissance Winery, que têm sua própria AVA, a **North Yuba**, produz com sucesso de Riesling a Cabernet. *Granito, depósitos vulcânicos* *Syrah, Zinfandel, Cabernet Sauvignon, Barbera* *Chardonnay, Sauvignon Blanc* *tinto, branco, rosé, fortificado*

Central Valley

Estendendo-se por 650km pelo centro da Califórnia, o vasto e plano Central Valley fornece um quarto dos alimentos e das bebidas consumidos nos EUA. Com cerca de 77 mil ha cobertos por vinhas, a área também é de longe a maior região vitícola da Califórnia, produzindo cerca de 60% de todas as uvas do estado. Os solos são ricos e o clima é extremamente quente e seco. Esta é uma das regiões mais ensolaradas do mundo, por isso a irrigação é essencial. O calor significa que é praticamente impossível cultivar uvas de alta qualidade; assim, o vale é fonte de vinhos frutados, de consumo fácil e preços acessíveis. Alguns produtores fazem excelentes vinhos em estilo porto e Moscatel. Mas produzem pouquíssimo Chardonnay, Chenin Blanc, a francesa Colombard, Merlot e Zinfandel. Algumas regiões mais setentrionais, nos arredores de Sacramento podem reivindicar grande qualidade: o Zinfandel da Lodi e o Chenin Blanc da Clarksburg certamente merecem ser provados. *Marga aluvial* *Merlot, Cabernet Sauvignon, Zinfandel* *Chardonnay, Chenin Blanc, Colombard, Sauvignon Blanc* *tinto, branco, rosé, espumante, sobremesa, fortificado*

Quady Winery, Central Valley

Sul da Califórnia

No século 19, os vinhedos floresciam em Los Angeles, mas foram arrasados pela doença de Pierce, causada por bactérias disseminadas por insetos e para a qual não há cura. Nos últimos anos essa doença destruiu vinhedos em outros pontos do sul da Califórnia, notadamente em Temecula, que já foi um enclave de Chardonnay. No entanto, a Los Angeles metropolitana tem uma pequena AVA chamada **Malibu Newton Canyon**. Ao redor de San Bernardino fica a AVA **Cucamonga Valley**, dominada por Zinfandel; e há outra AVA mais ao sul, nos arredores de San Diego, chamada **San Pasqual Valley**, com apenas 30ha. Com algumas exceções, nenhuma dessas regiões prima pela qualidade, e as vinícolas sobrevivem atendendo à enorme população local. Zinfandel, Chardonnay e Sauvignon Blanc são as cepas dominantes. *Variado* *Zinfandel* *Chardonnay, Sauvignon Blanc* *tinto, branco*

VINCENT GASNIER TOP 10

Melhores Vinhos Syrah da Califórnia

1. **Araujo: Eisele Vineyard** Vale do Napa *pág 36*
2. **Arrowood: Saralee's Vineyard** Sonoma *pág 50*
3. **JC Cellars** Baía de Francisco *pág 80*
4. **Martinelli** Sonoma *pág 55*
5. **Ojai Vineyard: Thompson** Santa Barbara *pág 86*
6. **Pax: Alder Springs The Terraces** Mendocino *www.paxwines.com*
7. **Blackjack Ranch: Maximus** Santa Barbara *pág 84*
8. **Alban Vineyards: Lorraine** San Luis Obispo *pág 82*
9. **Havens** Vale do Napa *pá. 45*
10. **Qupé** San Luis Obispo *pág 87*

A cepa Syrah não é diretamente relacionada à Petite Sirah (às vezes grafada Syrah), que é plantada na Califórnia desde o século 19

Vinhedo no outono em Santa Ynez Valley, Santa Barbara County

Grandes Produtores do Centro-Sul da Califórnia

JC Cellars

Baía de San Francisco

Especializado em Syrah, Petite Sirah, Viognier e Zinfandel, de vinhedo único e produção artesanal, o JC Cellars foi criado como uma vinícola de pequena produção por Jeff Cohn em 1997, quando ele era enólogo na vizinha Rosenblum Cellars. Cohn deixou a Rosenblum e concentrou-se na JC, que se beneficiou de maciços investimentos em equipamento. Em 2004 e 2005, os produtos de Cohn venceram o "Syrah Shootout", uma degustação realizada por 38 viticultores rivais. Procure o Late Harvest Viognier, feito somente nos anos em que as condições climáticas incentivam a podridão nobre (botrítis). *3000 Washington St, Alameda • 510 749 9463 • www.jccellars.com* *tinto, sobremesa* ★ *Rockpile Vineyard Syrah Haley's Reserve, Pourquoi Pas Syrah*

Ridge Vineyards

Baía de San Francisco e outras áreas

Esta famosa vinícola, fundada por professores da Universidade Stanford em 1959, ocupa o lugar de um vinhedo dos anos 1880. Paul Draper tornou-se o vinicultor em 1969 e continua no comando. Seu melhor vinho é o Cabernet Sauvignon da propriedade, feito de uvas cultivadas no vinhedo Monte Bello, a 600m de altitude. Sendo um dos primeiros vinhedos da Califórnia, ele é envelhecido, atipicamente, em carvalho norte-americano. A Ridge também produz alguns surpreendentes Zinfandels de antigos vinhedos em Sonoma e Paso Robles. *17100 Monte Bello Rd, Cupertino • 408 867 3233 • www.ridgewine.com* *tinto, branco* ★ *Santa Cruz Mountains Chardonnay, Monte Bello Cabernet Sauvignon, Geyserville Zinfandel*

Ridge Vineyards

Testarossa

Baía de San Francisco e outras áreas

Esta vinícola perto de San Jose foi fundada por Rob e Diana Jensen em 1993. Eles não têm vinhedos, por isso compram uvas de nove bons locais em Monterey e Santa

VINCENT GASNIER TOP 10 Fabulosos Vinhos de Sobremesa

1. **Dolce** Vale do Napa *pág 38*
2. **Arrowood: Late Harvest** Sonoma *pág 50*
3. **Chateau St. Jean: Dessert** Sonoma *pág 50*
4. **Beringer: Nightingale** Vale do Napa *pág 36*
5. **Bonny Doon: Dessert** San Luis Obispo *(ao lado)*
6. **Martinelli: Muscat** Sonoma *pág 55*
7. **Ojai: Dessert** Santa Barbara County *pág 86*
8. **JC Cellars: Late Harvest** Baía de San Francisco *(acima)*
9. **Washington Hills: Sweet Whites** Columbia Valley *pág 104*
10. **Quady: Essensia** Central Valley *pág 87*

Págs 78-9 **Vinhedos de Cabernet Sauvignon ao sol do outono, San Luis Obispo County**

Barbara Os Chardonnays tendem a ser ricos e tostados, com boa nota de acidez. Os Pinot Noirs são cheios de especiarias e bem estruturados, com um estilo claramente californiano. O Syrah também é excelente. *300-A College Ave, Los Gatos • 408 354 6150 • www.testarossa.com* *tinto, branco* ★ *Michaud Vineyard Chardonnay, Sleepy Hollow Vineyard Pinot Noir, Gary's Vineyard Syrah*

Wente Vineyards
Baía de San Francisco / Livermore Valley
Esta propriedade familiar, fundada em 1883 por Carl Wente, domina o Livermore Valley e também tem amplas terras em Monterey, plantadas com Pinot Noir e outras cepas. Os vinhos são comerciais no melhor sentido – feitos em grande quantidade com um nível consistente de qualidade. Os varietais padrões são rotulados Family Selections e os vinhos de uvas da propriedade são engarrafados como Vineyard Selections. A casa também faz um bom vinho espumante envelhecido cinco anos antes do *dégorgement*. *5565 Tesla Rd, Livermore • 408 456 2300 • www.wentevineyards.com* *tinto, branco, espumante* ★ *Estate Chardonnay, Late Harvest Riesling, Brut Reserve*

Chalone Vineyard
Monterey / Chalone
Os vinhedos desta remota propriedade de montanha datam de 1919, mas os vinhos só foram engarrafados em 1960. Chardonnay e Pinot Noir dominam; Syrah e Viognier foram plantadas no fim da década de 1990. Problemas com bactérias na vinícola prejudicaram a reputação da casa nessa mesma época, mas hoje ela está novamente em forma. O Chenin Blanc pode estar fora de moda, mas a versão daqui, de vinhas velhas, mostra que pode ser surpreendente *(pág 70)*. *Stonewall Canyon Rd & Hwy 146 W, Soledad • 831 678 1717 • www.chalonevineyard.com* *com hora marcada* *tinto, branco* ★ *Chenin Blanc, Viognier, Pinot Noir*

Randall Grahm e Bonny Doon

O intelectualizado e bem-humorado Randall Grahm *(pág 17)* entrou para a indústria vitícola da Califórnia nos anos 1970 e tornou-se seu mais admirável incentivador. Seu Bonny Doon Vineyard em Santa Cruz é sua maneira de demonstrar que o clima da Califórnia é mais adequado a cepas do Vale do Rhône e do Mediterrâneo do que Chardonnay e Cabernet. Seus vinhos homenageiam Bandol e Châteauneuf du Pape e são bastante originais e corajosos na tentativa de produzir um Riesling "Pacific Rim" nas regiões da Costa Oeste. Estes não são os melhores vinhos da Califórnia, mas a recusa por Grahm do senso comum em relação a variedades, estilos e mercados estimulou outros viticultores da Califórnia a redefinir o futuro da indústria. *2 Pine Flat Rd, Bonny Doon • 831 425 3625 ou 2485 W Hwy 46, Paso Robles • 805 239 5614 • www.bonnydoonvineyard.com* *tinto, branco, sobremesa* ★ *Ca'del Solo, EuroDoon, Rhonefandel, Riesling Asylum, Viognier Doux*

Paraiso Springs Vineyards
Monterey / Santa Lucia Highlands
Rich Smith é basicamente viticultor, mas separou certos trechos de terra de seus 1.200ha para fazer seus próprios vinhos frutados e de grande pureza. Riesling e Pinot Blanc já foram bons, e o Pinot Noir e Syrah mostram a intensa fruta que Monterey é capaz de produzir. *Paraiso Springs Rd, Soledad • 831 678 0300 • www.paraisovineyards.com* *tinto, branco* ★ *Pinot Noir, Syrah*

Calera Wine Company
Mount Harlan
Uma propriedade admirada, com estilo próprio, Calera foi cultivada com vinhas para testar uma teoria. Josh Jensen costumava visitar a Borgonha na década de 1970 e convenceu-se de que o segredo do bom Pinot Noir era o solo calcário. Voltando à Califórnia, ele encontrou calcário a 670m de altitude nas Gavilan Mountains e plantou Pinot Noir em quatro locais diferentes. Os resultados foram variados: algumas safras eram magníficas, outras com sabor de terra abafada. Os solos calcários oferecem excelente drenagem, mas problemas de bactérias minaram a qualidade da uva em algumas safras. No entanto, o Viognier, feito desde 1987, é esplêndido *(pág 72)*. *11300 Cienega Rd, Hollister • 831 637 9170 • www.calerawine.com ☐ com hora marcada tinto, branco ★ Viognier, Mount Harlan Chardonnay, Selleck Pinot Noir*

Alban Vineyards
San Luis Obispo
John Alban foi convertido à qualidade dos vinhos do Vale do Rhône quando visitou Condrieu, e a partir de 1990 dedicou seu vinhedo às cepas dessa região francesa. A baixa produtividade dá aos vinhos uma intensa concentração e, esteja ele trabalhando com Roussanne ou Viognier, Syrah ou Grenache, Alban sempre acerta, elaborando ótimos vinhos. Não admira que outros produtores façam fila para comprar suas uvas. *8575 Orcutt Rd, Arroyo Grande • 805 546 0305 ● tinto, branco ★ Viognier, Reva Syrah, Grenache*

Justin Vineyards & Winery
San Luis Obispo / Paso Robles
O ex-banqueiro Justin Baldwin comprou esta propriedade no Westside de Paso Robles em 1982 e hoje tem 29ha em produção. Ao longo dos anos ele experimentou quais variedades se davam melhor aqui. Cabernet Sauvignon e Syrah tiveram sucesso, assim como os cortes de Bordeaux chamados Isosceles e Justification. A alta qualidade e o marketing inteligente trouxeram rápido reconhecimento. *11680 Chimney Rock Rd, Paso Robles • 805 238 6932 • www.justinwine.com ☐ tinto, branco, fortificado ★ Sauvignon Blanc, Syrah*

Meridian Vineyards
San Luis Obispo / Paso Robles
Fundada pelo veterano viticultor Chuck Ortman, a Meridian passou por várias mãos, mas Ortman permanece no comando. Sob a Beringer Blass, a produção nesta grande vinícola deverá se expandir ainda mais. Com milhares de hectares à sua disposição, Ortman produz uma ampla gama, oferecendo qualidade e preço excepcionais. *7000 Hwy 46 E, Paso Robles • 805 237 6000 • www.meridianvineyards.com ☐ tinto, branco ★ Pinot Noir Reserve, Paso Robles Syrah, Paso Robles Zinfandel*

Tablas Creek Vineyard
San Luis Obispo / Paso Robles
Durante muitos anos a família francesa Perrin e o importador norte-americano Robert Haas vasculharam a Califórnia em busca do lugar perfeito para plantar cepas do Vale do Rhône. Acabaram escolhendo o Westside de Paso Robles, já que seu solo e terreno acidentado lembram o da propriedade da família Perrin, o Château de Beaucastel, em Châteauneuf du Pape. Importando vinhas da França e cultivando-as organicamente, eles produziram cortes complexos e saborosos chamados Esprit de Beaucastel. O tinto combina Mourvèdre, Syrah e Grenache; o branco, Marsanne, Viognier e Roussanne. *9339 Adelaida Rd, Paso Robles • 805 237 1231 • www.tablascreek.com ☐ com hora marcada tinto, branco ★ Espirt de Beaucastel*

O Império Gallo

A elegante publicidade da Gallo mostra uma empresa familiar que se contenta em cuidar de seus vinhedos e convidar o público a desfrutar os resultados. Na realidade, ela é um fenômeno no setor: um único produtor que faz quase tanto vinho quanto toda a Austrália. Fundada pelos irmãos Ernest e Julio Gallo, a empresa decolou com o fim da Lei Seca em 1933. Graças a uma rede de distribuição bem organizada, conhecimento de mercado e promoção incansável, a Gallo cresceu depressa e em 1961 detinha um terço do mercado norte-americano. Ela continua baseada no Central Valley, Califórnia, onde produz anualmente dezenas de milhões de caixas de vinho de mesa, vendidas sob aproximadamente 50 marcas. Foi a propriedade em Sonoma (pág 52), criada pelos netos do fundador, que salvou a Gallo da reputação de mediocridade na década de 1980 e mantém a imagem hoje, oferecendo alta qualidade indiscutível por preços justos. O negócio de muitos bilhões de dólares continua firmemente nas mãos dos Gallo, com cerca de 20 membros da família trabalhando em diversos setores.

Relação especial

Desde o início, Julio cuidava dos vinhedos enquanto Ernest lidava com banqueiros, fornecedores, engarrafadoras e compradores. As estratégias empresariais eram uma decisão conjunta, até a morte de Julio em 1993 e a de Ernest em 2007.

Informação para Contato

www.gallo.com • Sala de degustação em Sonoma (pág 52) ▣ tinto, branco, espumante, fortificado
★ Gallo of Sonoma, Turning Leaf, Indigo Hills

Um Começo Difícil

Ernest Gallo nasceu na Califórnia em 1909 e Julio, um ano depois. A família era imigrante do Piemonte, na Itália, e tinha um pequeno vinhedo em Modesto. A vida era dura na Depressão de 1929. Além disso, o pai deles matou a mãe e se suicidou, em 1933. Porém, no mesmo ano, os irmãos lançaram sua primeira vinícola, a E. & J. Gallo. Uma minuciosa compreensão do negócio de vinhos, juntamente com uma tenacidade feroz diante da pobreza (os irmãos chegaram a dormir ao lado do tanque de fermentação), viram a empresa lucrar US$30 mil com 177.847 galões de vinho de mesa tinto em seu primeiro ano. Os Gallo nunca se arrependeram.

Vinhedo Gallo no centro da Califórnia

A Gallo foi a maior vinícola do mundo até 2004, quando uma rápida série de fusões colocou a Constellation Brands à frente

Wild Horse
San Luis Obispo e outras áreas

Desde o início dos anos 1980, o irrepreensível Ken Volk produziu uma série surpreendente de vinhos de suas próprias terras e de vários vinhedos da Central Coast. Ele é conhecido por seu Pinot Noir e a linha do Rhône chamada Equus e adora produzir vinhos bastante singulares de Malvasia, Trousseau Gris e Négrette. A qualidade varia, o que não é de surpreender diante da enorme variedade de vinhos às vezes imprevisíveis produzidos aqui. Mas os vinhos são sérios, e o Pinot Noir e o Syrah podem ser de primeira classe. Em 2003 a Wild Horse foi comprada pela Peak Wines, mas Volk permanece na casa. ⊗ *1437 Wild Horse Winery Ct, Templeton • 805 434 2541 • www.wildhorsewinery.com* ☐ ▣ *tinto, branco* ★ *Malvasia Bianca, Equus Roussanne, Cheval Sauvage Pinot Noir*

Wild Horse: rótulo de Cheval Sauvage

Andrew Murray Vineyards
Santa Barbara County / Santa Ynez Valley

O *restaurateur* James Murray levava seu filho Andrew (hoje enólogo) em suas viagens gastronômicas à França, onde foram apresentados aos vinhos do Vale do Rhône. Plantaram 20ha de cepas de Rhône no Santa Ynez Valley em 1990. Também trazem uvas dos vinhedos da Central Coast, mas os vinhos principais são da propriedade: um Viognier maduro e floral e uma série de Syrahs, com sabor de cravo, que ano após ano mostram a adequabilidade do vale a essas duas variedades. ⊗ *Los Olivos • 805 686 9604 • www.andrewmurrayvineyards.com* ☐ *com hora marcada* ▣ *tinto, branco* ★ *Estate Viognier, Roasted Slope Syrah*

Arcadian Winery
Santa Barbara County, Monterey e outras áreas

Joseph Davis não tem vinhedos. Ele aluga terras de agricultores no Santa Barbara County e Monterey e as cultiva em sociedade. Essa é a única maneira de garantir que as uvas tenham a qualidade que ele deseja. Davis trabalhou na Borgonha, região que continua sendo seu modelo para as cepas Chardonnay e Pinot Noir. Ele usa muito carvalho novo, mas os vinhos têm a concentração de madeira exata para não ser predominante. São vinhos de estilo Borgonha em pureza e intensidade. ⊗ *Santa Ynez • 805 688 1876 • www.arcadianwinery.com* ● ▣ *tinto, branco* ★ *Bien Nacido Chardonnay, Pisoni Vineyard Pinot Noir, Gary's Vineyard Syrah*

Au Bon Climat Winery
Santa Barbara County / Santa Maria Valley

Jim Clendenen é um dos grandes pioneiros do Santa Maria Valley, região do Santa Barbara County. Foi nomeado Enólogo do Ano diversas vezes. Sua vinícola Au Bon Climat, fundada em 1982, é um vinhedo com boa exposição e ele produziu alguns Chardonnays e Pinot Noirs muito bons, de seus próprios vinhedos e dos principais plantadores da região. Clendenen prefere a contenção à força, mas seus vinhos permanecem muito californianos em sua generosidade e riqueza. Au Bon Climat também produz uma série de varietais italianos engarrafados como Podere dell'Olivos. ⊗ *Rte 1, Santa Maria Mesa Rd, Santa Maria • 805 937 9801 • www.aubonclimat.com* ☐ *com hora marcada* ▣ *tinto, branco* ★ *Talley Vineyard Chardonnay, Isabelle Pinot Noir*

Uma videira de uma fazenda de Santa Barbara, de 1842, tornou-se gigantesca: tronco com 3m de circunferência e produção de 10t de uvas por ano

Blackjack Ranch

Santa Barbara County

Roger Wisted se interessou pela vinicultura aos 14 anos e colhia e elaborava a bebida muito antes de ter idade legal para beber. Outro interesse do adolescente eram os jogos de cassino: em 1990 ele inventou o jogo de cartas California Blackjack, que licenciou para clubes de todo o estado. O sucesso comercial dessa inveção lhe proporcionou criar uma vinícola, bem como o nome Blackjack. Evitando a produção em massa e buscando inspiração nas técnicas francesas, Wisted usa Cabernet Sauvignon e Merlot para produzir vinhos altamente complexos e elegantes. *220 Alamo Pintado Rd, Solvang • 805 686 9922 • www.blackjackranch.com* tinto, branco ★ *Chardonnay Blackjack Ranch Vineyard Reserve, Wilkening Vineyard Reserve*

Byron

Santa Barbara County / Santa Maria Valley

Ken Brown fundou esta vinícola nos anos 1980 e, embora tenha sido vendida para Robert Mondavi em 1990, ele continua no comando. Os principais vinhos são Pinot Noir, Chardonnay, Pinot Blanc e Pinot Gris. Byron tem mais de 250ha de vinhedos, mas também compra uva de outros bons locais em Santa Barbara. Os vinhos são exemplos perfeitos do estilo elegantemente equilibrado de Santa Maria; alguns vinhos mais simples são mais satisfatórios que os envelhecidos em carvalho. *5230 Tepusquet Rd, Santa Maria • 805 934 4770 • www.byronwines.com* *tinto, branco* ★ *Pinot Gris, Santa Maria Chardonnay, Byron Vineyard Pinot Noir*

Byron

Firestone Vineyard

Santa Barbara County / Santa Ynez Valley

Criada por Brooks Firestone na década de 1970, esta vinícola no Santa Ynez Valley é hoje propriedade do grupo Suntory japonês, mas a família Firestone continua envolvida no negócio. A casa tem a reputação de excelente valor. A produção foi consideravelmente expandida e muitas uvas hoje são compradas, mas o Riesling sempre foi confiável, assim como o Merlot e um Cabernet Sauvignon muito melhorado. Os vinhos podem carecer de concentração e persistência, mas são bem-feitos. *5000 Zaca Station Rd, Los Olivos • 805 688 3940 • www.firestonewine.com* *tinto, branco* ★ *Gewürztraminer, Late Harvest Riesling, Merlot Reserve*

VINCENT GASNIER TOP 10

Grandes Fabricantes de Riesling

1. **Chateau Montelena** Vale do Napa *pág 37*
2. **Rancho Sisquoc: Flood Family Winery** Santa Barbara County *pág 86*
3. **Sanford Winery** Santa Barbara County *pág 86*
4. **Windsor Vineyards** Sonoma *pág 55*
5. **Kendall-Jackson: Vintner's Reserve** Sonoma *pág 53*
6. **Claiborne & Churchill** San Luis Obispo *pág 87*
7. **Navarro** Mendocino *pág 62*
8. **Robert Mondavi Private Selection** Vale do Napa *pág 43*
9. **Gainey Vineyard** Santa Barbara County *pág 87*
10. **Argyle Winery** Willamette Valley *pág 106*

Ojai Vineyard

Santa Barbara County

Os fundadores da Ojai (pronuncia-se "o hai"), Helen e Adam Tolmach, sempre foram exigentes. Eles são muito estritos com seus fornecedores de uvas e se recusam a mudar de filosofia de produção, que é manter os processos com o mínimo de intervenção possível. Helen e Adam não gostam de ser chamados de empresários, pois supostamente fazem vinhos apenas para se divertir; mas eles adquiriram reputação por produzir alguns dos melhores Syrah, Pinot Noir, Grenache e vinhos doces de Santa Barbara.
805 649 1674 • www.ojaivineyard.com *tinto, branco, sobremesa* ★ *Roll Ranch, Bien Nacido, Talley Reserve*

Enólogo assistente no laboratório da Quady

Rancho Sisquoc Winery

Santa Barbara County

Em 1972 Harold Pfeiffer decidiu, como experiência, dedicar 5ha de sua fazenda de 15 mil ha ao plantio de uvas Riesling de Johannesburgo e Cabernet Sauvignon. Hoje a Rancho Sisquoc Winery se expandiu para 130ha de vinhedos, na parte mais oriental de Santa Barbara. Seus atuais proprietários, a família Flood, convenceram o enólogo Alec Franks de que quanto menor, melhor. Assim sendo, a Rancho Sisquoc não produz mais que 10 mil caixas de varietais por ano, que sempre são vendidas na mesma hora em que são disponibilizadas para comercialização.
6600 Foxen Cyn. Rd, Santa Maria • 805 934 4332 • www.ranchosisquoc.com *tinto, branco* ★ *Sisquoc River Red, Sisquoc Sauvignon Blanc, Johannesburg Riesling*

Sanford Winery

Santa Barbara County

Richard Sanford foi um dos primeiros a plantar Pinot Noir em Santa Barbara, criando seu vinhedo em 1971. Dez anos depois, fundou a vinícola e expandiu a propriedade para 140ha. Os vinhos brancos são feitos no estilo amplo, amadeirado, ligeiramente enjoativo, mas o Pinot Noir é realmente excepcional. O enfoque do enólogo Doug Fletcher para a uva é evidente, e sua equipe usa um sistema único pelo qual elevadores hidráulicos erguem e baixam os tonéis para evitar o manuseio. Essa reverência pela uva fez da Sanford uma das maiores de Santa Barbara. *7250 Santa Rosa Rd, Buellton • 805 688 3300* *tinto, branco* ★ *Barrel Select Chardonnay, La Rinconada Pinot Noir*

Domaine de la Terre Rouge

Sierra Foothills

Fundada em 1987 por William Easton, a casa produz os melhores vinhos de cepas do Rhône em Sierra Foothills. O melhor Syrah vem de um lote de terra chamado Pyramid Block, e as melhores uvas geralmente são reservadas para a muito amadeirada Ascent. Os brancos incluem uma mistura de estilo Rhône chamada Enigma e um rico Viognier. Sob o rótulo Easton, há alguns potentes mas elegantes Zinfandels e suculentos Barberas. *10801 Dickson Rd, Fiddletown • 209 245 3117 • www.terrerougewines.com* ❑ *tinto, branco, fortificado* ★ *Enigma, Pyramid Block Syrah, Estate Zinfandel*

Quady Winery
Central Valley

Andrew Quady lidou com vinhos em estilo porto em meados da década de 1970, enquanto trabalhava para outras vinícolas. Também experimentou com Moscatéis fortificados e em 1981 lançou com grande sucesso Essensia, um encantador Moscatel com aroma de laranja e bela embalagem. Criou também: Elysium, um Moscatel preto com aroma de rosa; vermutes doces e secos; e vinhos fortificados de variedades Zinfandel e portuguesas. Esta área é quente demais para vinhos finos, mas Quady provou que Madera é um local ideal para vinhos doces de classe internacional. *1318 Rd 24, Madera • 559 673 8068 • www.quadywinery.com* ❑ *sobremesa, fortificado* ★ *Essensia, Elysium*

Moraga Vineyards
Sul da Califórnia

O pequeno terreno de Tom Jones no Moraga Canyon, no exclusivo subúrbio Bel Air em Los Angeles, deve ser o local mais improvável nos EUA para um vinhedo preocupado com a qualidade. Mas o mesoclima do cânion oferece algumas vantagens: chuvas mais intensas e noites mais frias que o centro da cidade. Há somente um vinho tinto e um branco: o corte no estilo Bordeaux dominado pela Cabernet Sauvignon, feita em um estilo marcante de carvalho, é tão caro e tão impressionante quanto um bom Cabernet de Napa. *650 Sepulveda Blvd, Los Angeles • 310 476 3051 • www.moragavineyards.com* ● *tinto, branco* ★ *Moraga Cabernet*

Outros Produtores do Centro-Sul da Califórnia

Boeger Winery *(Sierra Foothills) 1709 Carson Rd, Placerville • 530 622 8094 • www.boegerwinery.com*

Cedar Mountains *(Baía de San Francisco) 7000 Tesla Rd, Livermore 925 373 6636*

Claiborne & Churchill *(San Luis Obispo) 2649 Carpenter Canyon Rd • 805 544 4066 • www.clairbornechurchill.com*

Eberle Winery *(San Luis Obispo) Hwy 46 East, Paso Robles • www.eberlewinery.com*

Gainey Vineyard *(Santa Barbara County) 3950 East Highway 246, Santa Ynez • 805 668 0558 • www.gaineyvineyard.com*

Georis Winery *(Monterey) 4 Pilot Rd, Carmel Valley • 831 659 1050 • www.georiswine.com*

Heller Estate *(Monterey) W. Carmel Valley Road, Carmel Valley • 831 659 6220 • www.hellerestate.com*

Joseph Filippi *(Sul da Califórnia) 12467 Base Line Rd, Rancho Cucamonga • 909 899 5755 • www.josephfilippiwinery.com*

Joullian *(Monterey) 2 Vilalge Drive Suite A, Carmel Valley • 831 659 8100 • www.joullian.com*

Laetitia Estate *(San Luis Obispo) 453 Laetitia Vineyard Drive, Arroyo Grande • 805 481 1772 • www.laetitiawine.com*

Morgan Winery *(Monterey) 590 C. Brunken Ave, Salinas • 831 751 7777 • www.morganwinery.com*

Qupé *(San Luis Obispo) Los Olivos • 805 937 9801 • www.qupe.com*

Thornton Winery *(Sul da Califórnia) 32575 Rancho California Rd, Temecula • 951 699 0099*

Verdad *(San Luis Obispo) Los Olivos • 805 784 0747 • www.verdadwines.com*

Walter Hansel *(Santa Barbara) 2800 Corby Ave, Santa Rosa • 707 525 3614*

NOROESTE-PACÍFICO

NOROESTE-PACÍFICO

APESAR DE OREGON E WASHINGTON *estarem tão diametralmente opostos no mapa quanto Bordeaux e a Borgonha, ambos estão mais estreitamente ligados à França do que os outros estados vitícolas dos EUA. Situados, como seus correspondentes franceses, entre 43º e 47º de latitude, eles são separados pelo grande rio Columbia e divididos em dois pelas Cascade Mountains. A interação entre sol, clima e características geológicas define estilos de vinhos regionais. No interior, Idaho tem uma crescente indústria vinícola.*

A corrente quente do Pacífico Norte traz chuva para os estados do noroeste dos Estados Unidos, em vez da neblina que é característica dominante na Costa Norte da Califórnia, mais ao sul. A corrente quente também mantém as temperaturas médias no Noroeste-Pacífico mais elevadas do que sua latitude setentrional poderia sugerir. Em conseqüência, se o clima da Califórnia favorece a elaboração de bons vinhos, frutados e mais alcoólicos, o clima do Noroeste-Pacífico é mais adequado a vinhos leves, muitas vezes parecidos com os do norte da Europa.

Legenda

Noroeste-Pacífico

Oregon

Foi em Oregon, na década de 1960, que nasceu a viticultura de clima frio no Novo Mundo. Dois entusiastas, Richard Sommer e David Lett, estavam convencidos de que a cepa Pinot Noir precisava de um período de amadurecimento maior para poder recriar o mesmo delicado perfume de especiarias, textura aveludada e estrutura fina que encontram na Borgonha. Depois de perseguirem de maneira quase camicase esse objetivo, os vinicultores da região finalmente o alcançaram *(pág 99)*.

Com 5.600ha de vinhedos e mais de 300 vinícolas em 2006 (contra 250 em 2003), hoje Oregon produz cerca de 1,1 milhão de caixas por ano. Apesar do rápido crescimento recente da indústria no estado, a maioria das vinícolas é relativamente pequena, dirigida por famílias e enólogos dedicados. A maioria deles se agrupa no Willamette Valley, frio, úmido e influenciado pelo litoral, a oeste das Cascade Mountains. O enfoque aqui é principalmente para uvas de climas frios: Pinot

"Vovô Uva"

Walter Clore (1911-2003) foi uma peça-chave na história do vinho no estado de Washington. Clore, um horticultor visionário baseado na estação de pesquisa Prosser de 1937 a 1976, estudou os padrões de crescimento de 250 variedades de vinhas, incluindo norte-americanas, européias e híbridas. Com o passar dos anos, convenceu os viticultores locais, especialmente os de Columbia Crest e Chateau Ste-Michelle, de que as cepas superiores de *vinifera* podiam prosperar no estado. Ele também ajudou a desenvolver a Lemberger tinta e previu a maciça expansão da indústria vitícola dos EUA. Carinhosamente chamado de "Vovô Uva", Clore foi homenageado pela Columbia Crest em 1999 com um corte artesanal de Bordeaux (o Walter Clore Private Reserve).

Págs 89-90 **Vinhedo com o Mount Hood ao fundo, Willamette Valley, Oregon**

Canoe Ridge Vineyard, em Walla Walla, Washington

Noir, Pinot Gris, Sauvignon Blanc, Gewürztraminer, Riesling e Pinot Blanc. Dos vinhos produzidos na região, 60% são tintos.

Washington

A indústria vinífera do estado de Washington é maior em escala que a de Oregon, e também está em fase de intenso crescimento. Na década de 1980 o estado possuía cerca de 2 mil ha de vinhedos e 20 vinícolas. Em 2006 as vinhas alcançavam 12 mil ha e o número de vinícolas superava 360, com um novo estabelecimento abrindo a intervalos de poucas semanas. A produção de vinho de Washington fica tradicionalmente em segundo lugar, depois da da Califórnia, mas algumas pesquisas com critérios diferentes hoje situam o estado de Nova York em segundo. Os vinhos de Washington são exportados para mais de 40 países. Suas regiões viníferas seguem principalmente os vales de rios a leste das Cascade Mountains. Esse ambiente é semidesértico e as vinhas não sobrevivem sem irrigação. O estado tem em média 17,5 horas de insolação por dia (cerca de duas horas a mais que as regiões vinícolas da Costa Norte da Califórnia). Isso permite que uma ampla gama de uvas amadureça de forma consistente. Na década de 1990 a maior parte da produção era de brancas (Chardonnay e Riesling); isso foi alterado na última década, com tintas como Cabernet Sauvignon, Merlot e Syrah hoje representando cerca de 60% da produção.

Uva Pinot Gris

Idaho

Os vinhedos de Idaho são plantados principalmente em solos de cinzas vulcânicas acima do rio Snake. A altitude elevada – até 1.000m – torna a região ensolarada durante o dia mas muito fria à noite. Essa diferença extrema produz vinhos de alta acidez e equilíbrio alcoólico. A Ste. Chapelle, fundada em 1978, é a maior vinícola (hoje propriedade da Constellation Brands), e provou que Idaho pode produzir excelentes Chardonnay, Riesling e Chenin Blanc. Seu sucesso incentivou outros, e hoje o estado tem cerca de 20 vinícolas.

Mapa Vinícola do Noroeste-Pacífico

A leste da cadeia Cascade ficam as quatro principais AVAs de Washington: a enorme Columbia Valley; Yakima Valley, dentro da Columbia Valley; Red Mountain, dentro da Yakima Valley; e Walla Walla. A pequena Puget Sound é a única AVA no oeste de Washington. As AVAs de Oregon ficam a oeste, entre as cadeias Coastal e Cascades. Elas percorrem 320km, do norte úmido ao sul mais seco: Willamette Valley, Umpqua Valley, Rogue Valley e suas sub-regiões, os vales dos rios Applegate e Illinois.

PRINCIPAIS AVAs E PRODUTORES

Columbia Valley *pág 95*
Chateau Ste. Michelle *pág 102*
Columbia Winery *pág 102*
McCrea Cellars *pág 103*
Ste. Michelle Wine Estates *pág 103*

Yakima Valley e Red Mountain *pág 96*
DeLille Cellars *pág 103*
Hedges Cellars *pág 104*
Washington Hills Cellars *pág 104*

Walla Walla *pág 96*
Canoe Ridge Vineyard *pág 104*
Cayuse Vineyards *pág 104*
L'Ecole No 41 *pág 105*
Long Shadows Vintners *pág 105*
Woodward Canyon Winery *pág 105*

Rótulo da Woodward Canyon Winery, Washington

Willamette Valley *pág 98*
Amity Vineyards *pág 106*
Archery Summit Winery *pág 106*
Argyle Winery *pág 106*
Beaux Freres *pág 106*
Bergstrôm *pág 106*
Domaine Drouhin *pág 107*
Elk Cove Vineyards *pág 107*
Ken Wright Cellars *pág 107*
Lemelson Vineyards *pág 108*
Owen Roe Winery *pág 108*
Panther Creek Cellars *pág 108*
Ponzi Vineyards *pág 109*
WillaKenzie Estate *pág 109*
Willamette Valley Vineyards *pág 109*

Umpqua Valley *pág 98*
Abacela Vineyards & Winery *pág 109*

Rogue, Applegate e Illinois River Valleys *pág 97*

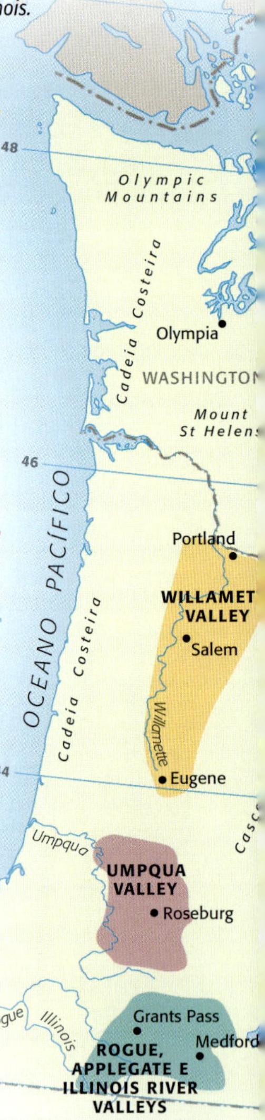

Boas safras recentes no Noroeste-Pacífico incluem 1996, 1997, 1999, 2001, 2002 e 2004

Informações Regionais Básicas

Latitude 42-45,5°N (Oregon) e 45-48,5°N (Washington).

Altitude 0-270 m em Washington; 90-800m em Oregon.

Topografia As Cascade Mountains formam uma barreira contra o clima úmido e moderadamente marítimo do Pacífico. As regiões vitíferas de Oregon ficam entre as cadeias Coastal e Cascades.

Solo Areia basáltica, loesse e cascalho de rio em Washington. Vulcânico, granito e argila em Oregon.

Clima Um pequeno volume de chuvas rompe a barreira topográfica e cai em Washington. Os verões são quentes, mas mudanças drásticas de temperatura durante o dia preservam a acidez e garantem o amadurecimento lento. A influência do Pacífico em Oregon resulta em verões frescos e outonos úmidos.

Temperatura A média em julho (verão) é de 21°C em Washington e 19°C em Oregon.

Chuvas A média anual é de 200mm em Washington e 1.100mm em Oregon.

Problemas para a viticultura Geadas ocasionais prejudicam as vinhas em Washington. Doenças fúngicas e amadurecimento incompleto em Oregon.

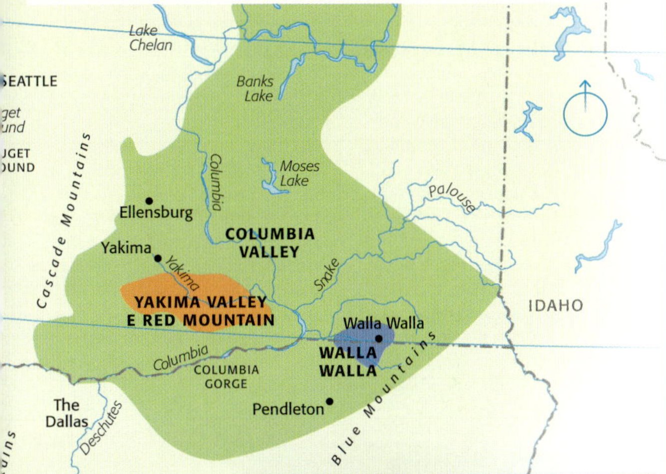

Vinícola por gravidade do Domaine Drouhin, Willamette Valley

Áreas Vinícolas de Washington

O primeiro plantio de vinhas registrado em Washington foi por volta de 1825 em Fort Vancouver, no rio Columbia, por negociantes da Hudson's Bay Company. A primeira vinícola foi fundada na década de 1860 em Walla Walla, e as primeiras variedades de *vinifera* foram plantadas em Yakima em 1871. No entanto, foi só nos anos 1930, com financiamento do governo, que a viticultura em escala comercial decolou. As verbas foram usadas para desenvolver um sistema de irrigação no estado e transformar o que era um deserto árido em terras férteis.

Depois disso, a indústria vitícola de Washington cresceu rapidamente. As variedades eram principalmente *labrusca* nativas até o início dos anos 1960, quando ocorreram os primeiros plantios de *vinifera*. Grandes vinícolas surgiram nas áreas populosas ao redor de Seattle e foram supridas com uvas trazidas do outro lado das montanhas, das áreas secas e ensolaradas a leste. Isto permitiu uma produção eficiente e cortes de diversas regiões e mesoclimas. No começo, eram produzidos grandes volumes de vinhos consistentes e baratos para o dia-a-dia. Depois, foram acrescentados rótulos de faixa média, reserva e de alta classe, a preços razoáveis. Os varietais tintos de Washington estão conquistando boa reputação por seus sabores cheios de caráter, texturas suaves e estrutura finamente aperfeiçoada, em especial com as cepas Merlot e Cabernet Sauvignon. Também há interesse crescente por Nebbiolo e Syrah.

Embora Washington tenha um clima notoriamente úmido, o leste do estado, onde se situa a maioria dos vinhedos, goza de um mesoclima mais seco e quente. Muitas das vinhas não são enxertadas; as mais velhas são postas em dormência antes da chegada do inverno mais rigoroso, suprimindo-lhes a água. Curiosamente, Washington é uma das poucas partes onde se produz vinho no mundo em que o inseto filoxera nunca foi um problema para as variedades de *Vitis vinifera* *(pág 95)*.

Vinhedo plantado em um leito de rio em Walla Walla, estado de Washington

Columbia Valley

A AVA Columbia Valley representa cerca de 98% da produção do estado e tem três sub-AVAs: Yakima Valley, Red Mountain e Walla Walla *(pág 96)*. Esta AVA foi criada em 1984 como genérica para facilitar os cortes de cepas entre as regiões. Seus vinhedos abrangem todos os mesoclimas do estado, dos mais quentes no Wahluke Slope – Mattawa, Saddle Mountains, Frenchman Hills e Indian Wells – aos mais frios ao sul, onde os vinhedos gozam de clima temperado, livres de geada e salpicam as encostas superiores da sub-região Columbia Gorge: Alder Ridge, Cold Creek, Zepher Ridge e Canoe Ridge.

Os solos variam de antigos cascalhos altamente inférteis até areia, argila e basalto. Os vinhedos são plantados estrategicamente em encostas (de 20 a 310m acima do nível do mar), próximos ao rio Columbia para evitar a geada no inverno e manter as vinhas frescas no verão.

Esta AVA abrangente foi primeiramente reconhecida por seus Rieslings de alta qualidade, delicadamente perfumados, no início dos anos 1970. Chardonnay e Merlot predominaram desde então, mas os Rieslings secos, colhidos no meio ou no fim da safra, são dos mais bem elaborados no país. Os *icewines* (vinhos de gelo), amadurecidos nas vinhas, são feitos quando as condições propiciam. Infelizmente, o sucesso inicial de Washington com Sémillon e Chenin Blanc, de fruta vibrante e intenso, não foi totalmente apreciado. Os refrescantes Sauvignon Blancs estão entre as melhores versões do país e muitas vezes são bem baratos. Merlot é a estrela da região desde 1976, com seus vinhos mais ricos, maduros e alcoólicos que em Bordeaux, e mais elegantes, estruturados e carnudos que os vinhos da Califórnia. A Cabernet Sauvignon também amadurece de forma consistente, produzindo vinho concentrado e potente, mas é superada pela Merlot. As duas cepas combinam, muitas vezes formando um corte com Cabernet Franc ou Malbec – ou ambas, na plena glória do Meritage. Todos podem parecer notavelmente semelhantes aos de Bordeaux.

Na década de 1990 houve um crescimento fenomenal no plantio de Syrah. Seu estilo é muito parecido com o do Vale do Rhône, na França. Nesse sentido, o movimento dos Rhône Rangers em Washington, espelhando o da Califórnia *(pág 75)*, é conhecido por adicionar um percentual de Viognier para melhorar o aroma e a estrutura da bebida.

Variedades menos conhecidas mas bastante em voga, como Marsanne, Roussanne, Malbec, Mourvèdre, Nebbiolo, Sangiovese, Barbera, Zinfandel, Grenache e Cinsault, começam a elaborar vinhos excelentes. A Lemberger, desenvolvida pelo dr. Walter Clore *(pág 90)*, também está dando um retorno notável na elaboração de vinhos. Potente e frutada, ela pode ser a resposta de Washington à Zinfandel. *Cascalho, areia, argila, basalto* *Merlot, Cabernet Sauvignon* *Chardonnay* *tinto, branco*

A Vantagem do Frio

Como o parasita filoxera *(pág 11)* não suporta o frio extremo ou os solos arenosos comuns na bacia do Columbia, Washington é livre dessa praga. Isso permite que a *Vitis vinifera* seja cultivada sem enxerto, em suas próprias raízes. Muitos viticultores do estado de Washington acreditam que isso resulta em vinhas e uvas mais saudáveis, o que por sua vez produz características mais puras, semelhantes às encontradas nos vinhos franceses do século 19, antes que a filoxera devastasse seus vinhedos. O inseto foi levado para a Europa nas freqüentes viagens ao Velho Mundo.

O grande número de horas de sol em Washington é ideal para o amadurecimento de cepas de pele grossa, como a Cabernet Sauvignon

Vinhedo de Sémillon no Yakima Valley

Yakima Valley e Red Mountain

Limitado pelos montes Rattlesnake e Horse Heaven, o relativamente frio Yakima Valley foi a primeira AVA denominada no estado de Washington, em 1983. Os solos de marga sedimentar predominam nos famosos vinhedos Otis, Red Willow, Sagemoor, Wycoff, Boushey e Elerding. A região cultiva as cepas Chardonnay, Riesling, Merlot, Cabernet Sauvignon e Cabernet Franc, mas as novatas Pinot Gris, Sangiovese, Barbera, Syrah, Malbec e Viognier também estão crescendo. O local mais quente na região é a sub-AVA Red Mountain, criada em 2001. Seus vinhedos beiram uma curva fechada do rio Yakima, que ficou famoso por produzir variedades maduríssimas de Bordeaux e Rhône em suas "encostas tostadas". Os vinhedos bem drenados são adequados para Cabernet Sauvignon, Cabernet Franc, Merlot, Malbec, Viognier e Syrah; Ciel du Cheval é seu melhor vinhedo. *Cascalho, argila, areia, basalto* *Merlot, Cabernet Sauvignon* *Chardonnay* *tinto, branco*

Walla Walla

Criada em 1984, a AVA Walla Walla (palavra indígena americana que significa "terra de muitas águas"), em Washington, tem uma grande concentração de vinhedos-butiques. Cheios de potencial, muitos deles são plantados em antigos leitos de rios inférteis, cheios de cascalho. Com a ampla gama de mesoclimas quentes e frios de Walla Walla, a colheita de uma única cepa pode levar até três semanas de um lado a outro do vale. Os vinhedos Pepper Bridge e Seven Hills, entre outros, elaboram ousados Cabernet Sauvignon e Merlot, ao lado de caprichosos e pungentes Viognier e ricos e suaves Syrah. *Cascalho, solos baseados em loesse* *Cabernet Sauvignon* *Chardonnay* *tinto, branco*

VINCENT GASNIER TOP 10

Melhores Vinícolas no Noroeste-Pacífico

1. **Argyle Winery**
   Willamette Valley *pág 106*
2. **Domaine Drouhin**
   Willamette Valley *pág 107*
3. **Cayuse Vineyards**
   Walla Walla *pág 104*
4. **Columbia Winery**
   Columbia Valley *pág 102*
5. **DeLille Cellars**
   Yakima Valley *pág 103*
6. **Ken Wright Cellars**
   Willamette Valley *pág 107*
7. **Woodward Canyon Winery**
   Walla Walla *pág 105*
8. **Ponzi Vineyards**
   Willamette Valley *pág 109*
9. **Chateau Ste. Michelle**
   Columbia Valley *pág 102*
10. **Elk Cove Vineyards**
    Willamette Valley *pág 107*

Áreas Vinícolas de Oregon

As primeiras variedades de *vinifera* do estado de Oregon foram plantadas no Rogue River Valley em 1854. Como em Washington, a indústria vinícola incipiente daqui se concentrou quase totalmente na variedade *labrusca* Concord até o nascimento da viticultura de clima frio na década de 1970 *(pág 99)*. Desde então, tem predominado o cultivo de Pinot Noir.

Desde o início as vinícolas do Oregon foram basicamente operações familiares, em que as uvas são cultivadas em pequenos lotes de 1,5 a 8ha e colhidas manualmente. A viticultura segue as práticas tradicionais da Borgonha; alguns vinhedos são plantados com uma densidade de cerca de 3 mil a 4,5 mil vinhas por hectare. E, como na Borgonha, os produtores de vinhos do estado de Oregon se adaptaram a extremas variações entre safras. A seleção aperfeiçoada das uvas, a menor produtividade e a influência das videiras de 20 a 35 anos agora equilibraram as variações anuais e estão produzindo altos níveis de concentração e complexidade.

Rótulo de Pinot Noir, Eyrie Vineyards

Desde 1979, quando um vinho de Oregon ficou em segundo lugar em uma famosa degustação às cegas de Pinot Noirs da Borgonha e outros lugares *(pág 99)*, os produtores do estado tem se mantido firmes. Únicos em um mundo que prefere estilos de vinhos de clima quente, homogêneos, eles se recusam a vender e insistem que um dia seus Pinot Noirs serão tão famosos quanto os da Borgonha no mundo dos apreciadores de vinho.

Rogue, Applegate e Illinois River Valleys

A AVA Rogue Valley tem amadurecido, ainda que as regiões do norte ainda sejam o maior destaque. Com chuvas de 180 a 510mm, a área é bem mais seca que o Willamette Valley, e sua ampla gama de vinhedos em altitude (de 310 a 780m) e os tipos de solo apresentam possibilidades ilimitadas. Um enfoque inicial para Pinot Gris, Chardonnay, Sauvignon Blanc e Pinot Noir está mudando de modo positivo para as variedades Sangiovese, Viognier, Syrah, Tempranillo e Bordeaux. São especialmente bons os cortes maduros, elegantemente estruturados, semelhantes aos de claretes, de Cabernet Sauvignon, Cabernet Franc, Merlot e Malbec. O clima do Rogue Valley incentiva essas cepas de climas relativamente quentes a amadurecer lentamente, como a Pinot Noir, mais ao norte. Personalidades intensas resultantes de estrutura mais elegante são mais típicas de Washington que de Oregon.

Diante da Viognier delicadamente aromática, de corpo leve, refrescantemente cítrico, e do Syrah ricamente maduro, de estrutura firme, já evidentes aqui, o Rogue Valley poderá ser a resposta de Oregon aos Rhône Rangers da Califórnia *(pág 75)*.

Perto da divisa da Califórnia e mais próximo do oceano, recebendo 890 mm de chuvas anuais, o Illinois River Valley, uma sub-região do Rogue Valley, favorece as variedades setentrionais de Willamette: Riesling, Pinot Gris, Gewürztraminer e Pinot Noir. *Granito, margas mistas, argila* *Merlot, Cabernet Sauvignon* *Pinot Gris, Chardonnay* *tinto, branco*

Umpqua Valley

Limitada entre as terras de Pinot ao norte, mais quentes e úmidas, e os vinhedos mais elevados e secos de Syrah, ao sul, esta AVA tem um clima de transição e ainda está tentando encontrar sua identidade. Experiências de sucesso com Tempranillo, Syrah, Merlot, Dolcetto, Malbec, Cabernet Franc, Viognier e Albariño sugerem um caminho a seguir. ▨ *Metamórfico, sedimentar, vulcânico, aluvial* ▣ *Pinot Noir* ▣ *Chardonnay* ▣ *tinto, branco*

Willamette Valley

Situado entre as cadeias Coastal e Cascade, o frio e úmido Willamette Valley segue o curso do rio de mesmo nome por cerca de 150km, de Eugene, no sul, ao rio Columbia perto de Portland, no norte. O vale abriga cerca de 70% da população e a maioria das vinícolas do estado. O mesoclima tem influência marítima, mas as montanhas protegem o vale das tempestades do Pacífico. A estação de crescimento é longa e suave; os invernos, úmidos e brandos. Vinhedos maduros, de diversos clones, são plantados em solo relativamente infértil, na maioria situados em encostas pouco íngremes, de 90 a 215m acima do nível do mar.

A indústria vinícola desta AVA fornece uma das melhores Pinot Noir do mundo desde os anos 1970 *(pág 99)*. Depois de 40 anos de aventura, um *terroir* distinto pode agora ser saboreado em garrafas de vinhedo único de diversas partes do vale. A posição de AVA já foi concedida a **McMinnville, Dundee Hills** e **Yarnhill Carlton**, e está pendente para **Ribbon Edge, Chehalem Mountains** e **Eola Hills**.

Com uva estruturada, delineada e de aromas intensos, os melhores Pinot Noirs do vale se aproximavam mais dos vinhos da Borgonha do que dos do Novo Mundo. Muitas vezes precisando de quatro a sete anos para se revelar, muitos são melhores quando deixados a evoluir plenamente por duas décadas.

Cuidados com vinhas Pinot Noir

Das outras cepas do vale (Gamay, Dolcetto e St Laurent), as tintas são as mais promissoras. A uva branca marcante e segunda mais plantada é a seca, fresca e frutada Pinot Gris, embora a Pinot Blanc possa eventualmente superar a Gris com sua acidez mais pungente e seu delicioso frutado de pêssego. Comercialmente fora de moda, os aromáticos Rieslings e Gewürztraminers podem mostrar-se intensamente focados, de caráter varietal semelhante aos da Alsácia. Os plantadores também adotaram clones de Chardonnay de Dijon depois que os primeiros plantios na Califórnia, de "clima quente", produziram vinhos insossos, sem fruta. Os modelos atuais apresentam frutado semelhante aos Côte de Beaune, cortado por aromas minerais de terra delicadamente florais e uma acidez metálica e harmoniosa. ▨ *Vulcânica, granito, argila, sedimentos marinhos* ▣ *Pinot Noir e outras* ▣ *Pinot Gris e Blanc, Chardonnay* ▣ *tinto, branco*

Apogeu da Viticultura de Clima Frio

O conceito totalmente moderno e norte-americano de viticultura de clima frio encontrou sua primeira base em Oregon. A Vitis vinifera *foi introduzida aqui por Henderson Luiellen em 1847 e Peter Britt em 1852, mas poucos dos primeiros vinhedos sobreviveram à Lei Seca nos anos 1920. Foi somente na década de 1960 que a viticultura séria realmente decolou no estado, sob a orientação de Richard Sommer e David Lett.*

Acreditando que os climas mais quentes da Califórnia fossem inadequados para cepas da Borgonha, Alsácia e Alemanha, esses dois viticultores visionários rejeitaram a crença tradicional de que o Oregon era frio e úmido demais para cultivar uvas e rumaram para o norte em busca de condições de amadurecimento mais lentas e suaves, semelhantes às do norte da Europa.

Richard Sommer explorou primeiro o Umpqua Valley, estabelecendo ali com sucesso o vinhedo Hillcrest e a cepa Riesling em 1961. Dando um salto gigantesco para o Willamette Valley ao norte, consideravelmente mais frio e úmido, David Lett plantou Pinot Noir, Pinot Meunier, Pinot Gris, Riesling e Moscatel nos Eyrie Vineyards (www.eyrievineyards.com) em 1965. Outros logo o seguiram.

A coragem de David Lett foi recompensada. Seu Eyrie Vineyards Pinot Noir 1975 ficou em segundo lugar nas Olimpíadas do Vinho Gault Millau em Paris, concorrendo com altas castas de Borgonha, incluindo Joseph Drouhinem, 1979. Oregon ganhou destaque como o primeiro lugar fora da França a produzir Pinot Noir no estilo da Borgonha.

Tendo acreditado demais no clima borgonhês, os viticultores de Oregon logo sentiram suas desvantagens: geadas, podridão, chuvas na colheita, uvas imaturas e de grande acidez, extremas variações anuais. Pediram ajuda aos europeus, já que abriram o primeiro posto avançado fora da Europa para as práticas de vitificação sem tecnologia do Velho Mundo. Os suíços lhes ensinaram a microconduzir as vinhas, expondo as uvas à luz e ao vento por meio da poda das folhas. Os franceses lembraram a importância da escolha do local e dos microclimas, do plantio com pequenas distâncias entre as vinhas nas encostas, boa drenagem, manipulação delicada, maceração a frio e vinhos não-filtrados, produzidos por gravidade. Mais tarde, desprezando suas vinhas originais Pinot Noir de "clima quente", os viticultores do estado importaram clones de Dijon, Borgonha de "clima frio", mais adequadas.

As experiências em Oregon com Pinot Noir levaram à elaboração das práticas de clima frio hoje comumente usadas em todo o Novo Mundo. O produtor da Borgonha Joseph Drouhin, depois de perder nas Olímpiadas do Vinho em 1979, estabeleceu-se em Oregon na década de 1980 *(pág 107)*.

Vinhas jovens da cepa Pinot Noir no frio Willamette Valley

A viticultura em clima frio exige uma temporada de amadurecimento longa e gradual em temperaturas moderadas para proteger a delicadeza da uva

Vinhedo no Yakima Valley, estado de Washington

Grandes Produtores do Noroeste-Pacífico

Chateau Ste. Michelle

Columbia Valley e outras áreas

Esta é a mais antiga e famosa vinícola do estado de Washington (fundada em 1933), e continua levando a produção muito a sério. A casa conquistou reputação no início da década de 1970 por seus varietais consistentes e de baixos preços. Hoje seu abrangente portfólio de Chardonnays, Merlots e Cabernets de vinhedo único está entre os melhores do país. Os vinhos brancos são produzidos sob a direção de Erik Olsen, enquanto os tintos são responsabilidade de Ron Bunnell na unidade em River Ridge. Os dois enólogos gozam de grande liberdade dada pela proprietária, a Ste. Michelle Wine Estates *(pág 103)*, sob a condição de que se superem, o que fazem constantemente. A revista *Wine Spectator* deu a seu Single Berry Select a maior classificação já dada a um vinho de Washington, e todo ano o vinho recebe mais elogios. *14111 NE 145th Woodinville, WA • 425 488 1133 • www.ste-michelle.com* *tinto, branco,* icewine ★ *Single Berry Select, Eroica Riesling*

Geologia do Noroeste-Pacífico

As regiões vitícolas do Noroeste-Pacífico foram moldadas por enormes erosões aluviais e por atividade vulcânica (a última do St Helena foi em 1982). Evidências mostram que quando as geleiras recuaram, 16 mil anos atrás, o lago Missoula, um dos maiores lagos interiores antigos, rompeu sua barragem de gelo, provocando um tsunâmi de 60m de altura e 20km de largura. Essa onda varreu a maciça Columbia Gorge, chocando-se a oeste com o antigo basalto das Cascades e atirando rochedos do tamanho de caminhões e sedimentos no fundo do Willamette Valley. Em seu rastro, deixou uma camada de cascalho de 75m de profundidade sobre o Columbia Valley e um solo superior raso, salpicado de pedras, de boa drenagem, infértil, livre de filoxera e arenoso – perfeito para o cultivo de vinhas.

Columbia Winery

Columbia Valley

Originalmente conhecida como Associated Vintners, esta vinícola histórica foi criada por um grupo de viticultores amadores visionários em 1962, que acreditavam que as cepas de uva européia *vinifera* poderiam dar certo no estado. Chamada Columbia Winery desde 1983, hoje ela é propriedade da Constellation Brands. No entanto, sob a orientação do Master of Wine David Lake desde 1979, a empresa elabora vinhos de personalidade, varietalmente corretos e muito aromáticos. Lake sempre expande os limites: depois de introduzir as cepas Cabernet Franc, Syrah e Pinot Gris no estado de Washington, ele ajudou a estabelecer variedades exóticas como Sangiovese e Barbera e abriu caminho com vinhos de vinhedo único, de distinto *terroir*.

Págs 100-1 **Vinhedo de Cabernet Franc na Woodward Canyon Winery em Walla Walla, Washington**

14030 NE 145th St, Woodinville, WA • 425 488 2776 • www.columbiawinery.com tinto, branco ★ Cabernet Franc, Viognier, Syrah

McCrea Cellars
Columbia Valley

Um ex-saxofonista fanático pelos vinhos do norte do Rhône, Doug McCrea hoje improvisa em Syrah, Grenache, Viognier, Mourvèdre, Roussanne e Counoise em sua vinícola; algumas vezes em cortes, outras concentrando-se em obter o máximo de varietais. Com uvas plantadas principalmente em Red Mountain, sua gama inclui um Syrah de estilo elegante, feito em carvalho francês; Amerique, um Syrah em carvalho americano, Cuvée Orleans Syrah (com Viognier); Boushey Grande Côte Syrah; e um Viognier aromático, com toques de pêssego. *13443 SE 118th Ave, Rainier, WA • 800 378 6212 • www.mccreacellars.com com hora marcada tinto, branco ★ Syrah, Syrah-Grenache, Syrah-Viognier*

Ste. Michelle Wine Estates
Columbia Valley e outras áreas

Conhecida como Stimson Lane Estates até 2004, a casa é dona do Chateau Ste. Michelle *(pág 102)*, cujo nome inspirou a nova marca. A companhia também possui as vinícolas Columbia Crest, Domaine Ste. Michelle, Snoqualmie, Stimson Estate Cellars e outras em Washington que, juntas, são responsáveis por mais da metade do vinho produzido no estado. A Columbia Crest, criada como marca de grande volume em 1984, hoje é uma produtora de alta qualidade. A Ste. Michelle tem também vinícolas na Califórnia, além de ligações com a italiana Antinori (o rótulo Col Solare) e a Dr. Loosen, da Alemanha *(pág 104)*. *14111 NE 145th St, Woodinville, WA • 425 488 1133 • www.ste-michelle-wine-estates.com tinto, branco ★ Merlot, Riesling, Chardonnay*

Columbia Crest, Ste. Michelle Wine Estates

DeLille Cellars
Yakima Valley

A DeLille Cellars produziu o primeiro Meritage do estado de Washington e continua fazendo cortes em estilo Bordeaux não-filtrados e de longa vida, de frutas cultivadas de modo impecável, em locais específicos. O baixo rendimento, as podas impiedosas e a desclassificação de qualquer lote abaixo do padrão garantem a excelência desta vinícola. Chaleur e Harrison Hill, dois cortes de Cabernet saborosos e intensos, complementam o D2, um Merlot suave, com sabor de caça. O corte Sauvignon Sémillon influenciado por Graves e o Doyenne, aromático e de taninos terrosos (principalmente Syrah), são igualmente interessantes. *14208 NE Redmond Rd, Woodinville, WA • 425 489 0544 • www.delillecellars.com com hora marcada tinto ★ Chaleur, D2, Doyenne*

VINCENT GASNIER TOP 10 Destacados Vinhos Pinot Noir

1. **Acacia** Vale do Napa *pág 45*
2. **Kistler** Sonoma *pág 54*
3. **Williams Selyem** Sonoma *pág 55*
4. **Goldeneye (Duckhorn)** Vale do Napa *pág 39*
5. **Patz & Hall** Vale do Napa *pág 42*
6. **Bergström** Willamette Valley *pág 106*
7. **Ponzi** Willamette Valley *pág 109*
8. **Calera** Mount Harlan *pág 82*
9. **Laetitia Estate** San Luis Obispo *pág 87*
10. **Sanford** Santa Barbara County *pág 86*

Uma garrafa de Columbia Crest 2002 Walter Clore Private Reserve foi vendida por inéditos US$100 mil em um leilão em Houston, em março de 2006

Hedges Cellars
Red Mountain

Os vinhos da Hedges Cellars são feitos para guarda: densamente carregados de aromas apetitosos, sabores condensados, texturas suculentas e taninos firmes. Os principais vinhos incluem o corte Columbia Valley (Merlot Cabernet Sauvignon-Cabernet Franc Syrah), docemente maduro, a consumir cedo, o carnudo e firme Three Vineyards e o complexo e floral Red Mountain Reserve (ambos misturas de Cabernet Sauvignon Merlot). Hedges Cellars produz também o intenso e puro Cabernet Sauvignon e o Merlot terroso, compacto, também são dignos de nota, assim como o vinho do Porto feito de variedades portuguesas como Touriga Nacional e Sousão. *195 NE Gilman Blvd, Issaquah, WA • 425 391 6056 • www.hedgescellars.com* *tinto, fortificado* ★ *Cabernet Sauvignon, Merlot e varietais*

O Eroica de Washington

Antes de Allen Shoup fundar a Long Shadows *(pág 105)*, enquanto ainda estava na Stimson Lane *(pág 103)*, ele tinha formado uma sociedade nos anos 1990 com vários viticultores importantes do Velho Mundo. Um deles, o dr. Ernst Loosen, da famosa propriedade de Riesling de 200 anos no vale do Mosela, na Alemanha, foi convidado a ajudar a criar um Riesling de Washington de alta linhagem que pudesse educar os paladares norte-americanos sobre o potencial de uma uva que é muitas vezes decepcionante nos EUA. O resultado da colaboração foi o Eroica, lançado em 1999, batizado em homenagem à *Terceira Sinfonia* de Beethoven. O sucesso do vinho – hoje supervisionado por Bob Bertheau, do Chateau Ste. Michelle, e Loosen Estate na Alemanha – incentivou viticultores de Washington a expandir seus cultivos de Riesling assim que possível.

Washington Hills Cellars
Yakima Valley e Red Mountain

A marca Washington Hills oferece uma gama completa de vinhos de excelente valor. O Washington Hills básico traz estilos de fácil compreensão, acidez marcante da Riesling, Chenin Blanc e Gewürztraminer. O Bridgman, de faixa média, é um ótimo e vivaz Cabernet Franc; um pungente Viognier com toques de pêssego; um Sangiovese que lembra xerez; e um Sauvignon Blanc com toques de manga. O Apex Reserve Syrah tem especiarias, alcaçuz e frutas pretas saborosas, enquanto o *icewine* Apex Gewürztraminer é puro, caro e vale cada centavo. *111 E Lincoln Ave, Sunnyside, WA • 1 800 814 7004 • www.washingtonhills.com* *tinto, branco, sobremesa,* icewine ★ *Syrah, Gewürztraminer, Cabernet Franc*

Canoe Ridge Vineyard
Walla Walla

Este importante vinhedo no norte da Columbia Gorge leva o nome de uma serra batizada pelos exploradores Lewis e Clark no século 19 por sua semelhança com uma canoa invertida. O Chalone Wine Group da Califórnia, que fundou o vinhedo em 1990, faz Merlots semelhantes a Pinot Noirs, profundamente aromáticos e aveludados, e Chardonnays delicados e ácidos em estilo Chablis. *1102 W Cherry, WA • 509 527 0885 • www.canoeridge vineyard.com* *tinto, branco* ★ *Merlot, Chardonnay, Cabernet Sauvignon*

Cayuse Vineyards
Walla Walla

Apelidado de "Sapo Biônico" no Barossa Valley da Austrália, e hoje orgulhosamente ostentando WWSYRAH na placa de sua caminhonete Ford, o viticultor "terroirista" internacional Christophe Baron infunde encanto e elegância franceses em Walla Walla. Cultivados organicamente e fermentados com fermentos locais, seus vinhos de vinhedo único, não-filtrados, recendem a originalidade, personalidade e autenticidade. Detestando "vinhos no estilo Mike Tyson, que o derrubam", Baron cria vinhos "amigos" de refeições, que "excitam as papilas e estimulam o intelecto". *17 E Main, WA • 509 526 0686 • www.cayusevineyards.com* *com hora marcada* *tinto, branco* ★ *Syrah, Syrah-Viognier*

L'Ecole Nº 41
Walla Walla

Abrigada na escola original de Lowden (daí o nome), a antiga L'Ecole faz excelentes Sémillons fermentados em barril e tanques de aço inoxidável, que envelhecem bem. Os principais tintos são um Merlot elegantemente estruturado e um corte expansivo, cremoso e não-filtrado Apogee Merlot-Cabernet. O carnudo, macio, untuoso Walla Walla Cabernet Sauvignon e o violáceo Syrah, compacto com frutas pretas secas e taninos bem administrados, também são notáveis. *41 Lowden School Rd, WA • 509 525 0940 • www.lecole.com* *tinto, branco* ★ *Semillon, Syrah, Apogee*

Woodward Canyon Winery, rótulo Artist Series

Long Shadows Vintners
Walla Walla

Há 20 anos Allen Shoup era enólogo na Stimson Lane (*pág 103*), onde colaborou com astros internacionais do vinho *(pág 104)* e ajudou a criar a indústria vinícola no estado de Washington. Shoup aposentou-se da Stimson Lane em 2000 e então fundou a Long Shadows, que é um consórcio de influentes enólogos (que projetaram "longas sombras" no mundo do vinho), entre eles Michel Rolland, de Pomerol, França; Armin Diel, da Alemanha; e John Duval, de Penfolds, Austrália. Esses consultores altamente considerados foram convidados por Shoup para escolher locais no Columbia Valley onde pudessem se concentrar em varietais únicos supremos ou em cortes. Das seis vinícolas-butiques estabelecidas até 2006, o Pedestal Merlot, feito sob orientação de Rolland, o Sequel Syrah de Duval e o Poet's Leap Riesling de Diel receberam boas críticas. As quantidades são pequenas – apenas algumas centenas de caixas de cada vinícola por safra – e oferecidas primeiro por *mailing*, antes do lançamento em revendas selecionadas. *P. O. Box 33670, Seattle, WA • 206 396 9628 • www.longshadows.com* *tinto, branco* ★ *Feather, Pirouette, Pedestal, Poet's Leap, Chester-Kidder, Sequel*

Woodward Canyon Winery
Walla Walla

As vinhas em alta densidade, de baixa produção desta vinícola-butique pioneira, fundada por Rick Small em 1981, produzem vinhos complexos, sedosos e plenos. A vinificação aqui é não-intervencionista: os vinhos não são filtrados nem clarificados, nunca acidificados ou amadurecidos demais. Famosa pelo elegante Celilo Chardonnay, um Merlot floral e aveludado e um Cabernet Sauvignon poderoso, tânico, de vinhas velhas, a Woodward Canyon hoje explora o potencial de Walla Walla para Barbera, Dolcetto e Pinot Noir. *11920 W Hwy 12, Lowden, WA • 509 525 4129 • www.woodwardcanyon.com* *tinto, branco* ★ *Celilo Chardonnay, Cabernet Sauvignon, Merlot, Columbia Valley "Old Vines"*

Amity Vineyards
Willamette Valley

Este produtor veterano e excêntrico da década de 1970 faz consistentemente um Pinot Noir complexo de vinhas velhas, que envelhece bem, um Gamay ricamente frutado e aromáticos: Riesling seco, Gewürztraminer e Pinot Blanc. Também é famoso por ser um dos poucos do mundo a não usar enxofre, pelo cultivo orgânico da cepa Pinot Noir – rotulada Eco Wine – e pela arquitetura da vinícola. *18150 Amity Vineyards Rd, Amity, OR • 888 264 8966 • www.amityvineyards.com* *tinto, branco* ★ *Pinot Noir, Gewürztraminer, Pinot Blanc*

Archery Summit Winery
Willamette Valley

Esta vinícola inspirada em château francês, de adega subterrânea e vinhedo de alta densidade, oferece um contraponto ao vizinho Domaine Drouhin na paisagem de Dundee Hills. Com uma dose de brilho da Califórnia, produz uma série de Pinot Noirs de vinhedo único, intensamente frutados, em carvalho aromático. *NE Archery Summit Rd, Day-ton, OR • 503 864 4300 • www.archerysummit.com* *tinto* ★ *Pinot Noir*

O Casamento da Borgonha com o Estado de Oregon

A Domaine Drouhin e muitas outras vinícolas de Oregon nestas páginas casaram com sucesso algumas técnicas da Borgonha com Oregon. As vinhas são plantadas em densidade muito maior (quase quatro vezes) do que é a norma no Novo Mundo, e às vezes com condução no estilo da Borgonha, o que resulta em vinhas pequenas com uvas de sabores intensos. São colhidas e selecionadas à mão, e muitas vezes fermentadas em barris de carvalho vindos da França. Os resultados são impressionantes.

Argyle Winery
Willamette Valley

A primeira incursão do vinhos australianos nos EUA enfocou a atenção do enólogo Brian Croser, de Petaluma, em fazer vinho espumante de alta qualidade em Oregon usando o método tradicional de fermentação na garrafa. O atual enólogo, Rollin Sales, recebe elogios pelos Chardonnays e Pinot Noirs ricamente frutados. O portfólio inclui um Blanc de Blancs espumante equilibrado, *rosé* e vinhos safrados, todos com a característica de clima frio. *691 S Pacific Hwy, Dundee, OR • 888 417 4953 • www.argylewinery.com* *tinto, branco, espumante* ★ *Blanc de Blancs, Chardonnay, Pinot Noir*

Beaux Freres
Willamette Valley

Michael Etzel cultiva a mesma varietal no mesmo terreno pequeno ano após ano. A Beaux Freres, uma sociedade de Etzel com o crítico de vinhos superstar Robert Parker, adota os métodos de cultivo e produção da Borgonha. Estes, combinados com a dedicação de Etzel à tipicidade do *terroir*, fizeram de Beaux Freres o produtor de alguns dos melhores Pinot Noirs dos EUA. *15155 NE North Valley Rd, Newberg • 503 537 1137 • www.beauxfreres.com* *tinto* ★ *Beaux Freres Pinot Noir, Belles Soeurs Pinot Noir.*

Bergström Winery
Willamette Valley

Esta vinícola foi fundada em 1997 por John e Karen Bergström, mas é seu filho, o enólogo Josh, quem dá a energia e a direção. Os vinhedos da Bergström não são os únicos entre os produtores de Willamette que seguem as especificações da Borgonha; mas muito poucos são cuidados por alguém como Josh, que inspeciona sua terra pelo menos uma vez a cada 14 dias para reorientar as folhas, para que elas se voltem na direção ideal. *18405 NE Calkins Lane, Newberg • 503 544 0468 • www.bergstromwines.com* *tinto* ★ *Bergström Whole Cluster, Arcus Vineyard, Cumberland Reserve*

Domaine Drouhin
Willamette Valley
O negociante de vinhos francês Joseph Drouhin ficou surpreso com a qualidade do vinho de Oregon nas Olimpíadas do Vinho em Paris em 1979 *(pág 99)*, e marcou a primeira incursão da Borgonha no Novo Mundo em 1987, com a fundação do Domaine Drouhin no Willamette Valley. Drouhin plantou um lote de Chardonnay e Pinot Noir com o dobro da densidade de vinhas habitual nos EUA e sua vinícola, com um belo projeto e alimentada por gravidade, conta com tecnologia francesa. Casando a alma francesa com o solo do estado de Oregon, sua filial norte-americana da Drouhin produz Pinot Noirs de referência, elegantes, sutis, generosamente frutados e com várias camadas e Chardonnays altamente discretos, subestimados, naturais, clones de Dijon. Caro mas válido, o Pinot Reserve Laurène só é feito nos melhores anos. *6750 Breyman Orchards Rd, Dundee, OR • 503 864 2700 • www.domainedrouhin.com* *com hora marcada* *tinto, branco* ★ *Pinot Noir, Chardonnay*

Rótulo de Elk Cove Vineyards

Elk Cove Vineyards
Willamette Valley
Fundada em 1974 por Pat e Joe Campbell, a Elk Cove ainda é orgulhosamente operada e dirigida pela família Campbell, com o filho Adam encarregado da vinificação. Típica da qualidade inicial dos produtores de Oregon, a produção da Elk Cove engloba Pinot Noir engarrafado na propriedade e vinhos de vinhedo único, regionalmente diferentes, sendo os mais famosos La Bohème e Dundee Hills. Os estilos Pinot tendem constantemente a sutileza, equilíbrio e elegância, muitas vezes com uma textura sedosa impressionante. O Riesling seco, colhido tarde, o Gewürztraminer e o Pinot Gris podem ter valor destacado, e o Syrah e o Viognier do Del Rio Vineyard de Rogue Valley também são promissores. *27751 NW Olson Rd, Gaston, OR • 877 355 2683 • www.elkcove.com* *tinto, branco* ★ *Pinot Noir, Gewürztraminer, Pinot Gris*

Ken Wright Cellars
Willamette Valley
Revertendo tradicionais arranjos de preços, baseados em pesos, Ken Wright negociou os primeiros contratos de preço por acre nos EUA, nos anos 1980, permitindo que os enólogos determinem concentração, qualidade e madureza. O principal "terroirista" de Oregon, Wright produz Pinot Noirs de vinhedo único de baixíssima produtividade (8-12), cada um delineando claramente um amplo leque de tipos de solo e microclimas. Seu rótulo Tyrus Evan Rogue Valley oferece um Cabernet Franc extremamente frutado, rigidamente estruturado, um Malbec, um corte de Bordeaux saboroso, semelhante ao clarete, e um Pinot estilo Syrah cremoso, supermaduro. Todos sugerem que Rogue poderá rivalizar com Willamette na reputação do Pinot Noir. *236 N Kutch St, Carlton, OR • 503 852 7070 • www.kenwrightcellars.com* *com hora marcada* *tinto, branco* ★ *Pinot Noir, Pinot Blanc*

Depósito de barris (adega) no Panther Creek Cellars

Lemelson Vineyards
Willamette Valley
Eric Lemelson projetou sua vinícola em 1997 com a ambição de produzir o perfeito Pinot Noir. Era o que mereciam as uvas de seus seis vinhedos, com diferenças cuidadosamente escolhidas de solo e de altitude. A vinícola por gravidade veio a ser uma das mais sofisticadas de Oregon. É destaque por ter a única plataforma móvel de triagem de uvas do mundo – uma estrutura metálica de 4m de altura que permite ao operador deslizar sobre os tanques de fermentação de aço inoxidável para escolher com precisão cachos de uvas e outros processos. Os Pinots de vinhedo único e reserva variam de ano para ano, mas geralmente recebem elogios. A casa também produz alguns vinhos brancos. *12020 NE Stag Hollow Rd, Carlton • 503 852 6619 • www.lemelsonvineyards.com tinto, branco ★ Jerome Reserve Pinot Noir, Resonance Pinot Noir, Lemelson Chardonnay*

Owen Roe Winery
Willamette Valley e outras áreas
Uma sociedade entre Jerry Owen e o enólogo Jerry O'Reilly, a Owen Roe compra suas uvas de vinhedos das AVAs Willamette Valley (Oregon) e Columbia Valley (Washington), incluindo Walla Walla, para aumentar a variedade de sua gama (marcas O'Reilly's, Owen Roe Woodcut e Photograph). O'Reilly afirma que entrou no ramo de vinhos para descobrir a verdade e a realidade na natureza. A demanda pelas 45 mil caixas que a vinícola produz anualmente sugere que pelo menos ele descobriu a verdade e a realidade de fazer vinhos populares. *31590 NE Schaad Rd, Newberg • 503 678 6514 • www.owenroe.com tinto ★ Abbot's Table, Sharecropper's Pinot Noir*

Panther Creek Cellars
Willamette Valley
Ken Wright construiu a reputação da casa com uma série de Pinot Noirs de único vinhedo, não-filtrados, de alta qualidade e pequena produção. Desde a saída de Wright em meados dos anos 1990, para construir sua própria vinícola *(pág 107)*, a Panther Creek continuou produzindo vinhos bastante frutados, bem equilibrados e estruturados, dignos de envelhecer, sob a direção do enólogo Michael Stevenson e do consultor Mark Vlossak. *455 N Irvine St, McMinnville OR • 503 472 8080 • www.panthercreekcellars.com tinto, branco ★ Pinot Noir, Pinot Gris*

Ponzi Vineyards
Willamette Valley

Um dos pioneiros em Pinot Noir em Oregon desde o início da década de 1970, a Ponzi continua melhorando a qualidade e amplitude de sua gama. Seu Pinot Noir constantemente se situa entre os mais complexos e confiáveis do estado: macio, sedoso e revestido em sabores de bacon defumado e cogumelos. Pinot Gris, Chardonnay, Arneis e Riesling de colheita tardia mostram rica textura e fruta limpa, bem delineada. *14665 SW Winery Lane, Beaverton OR • 503 628 1227 • www.ponziwines.com tinto, branco ★ Pinot Noir, Pinot Gris, Arneis*

WillaKenzie Estate
Willamette Valley

Em 1992, o borgonhês Bernie Lacroute trocou sua carreira como consultor de empresas de computação pela de plantar vinhas com técnicas orgânicas no Willamette Valley. Sua bela vinícola por gravidade produz Pinots Noir, Pinots Gris e Meuniers, ricamente frutados; um potente Gamay; e o primeiro Pinot Noir do país com tampa de rosca. Os vinhos de WillaKenzie Estate têm uma ótima relação custo-benefício. *19143 NE Laughlin Rd, Yamhill, OR • 503 662 3280 • www.willakenzie.com tinto, branco ★ Pinot Noir, Gamay, Pinot Meunier*

Rótulo da Willamette Valley Vineyards

Willamette Valley Vineyards
Willamette Valley e outras áreas

Hoje cotada na Nasdaq, com 4.500 acionistas, esta vinícola oferece uma série de estilos de Pinot Noir de vinhedo único, de vinhas cultivadas organicamente e maduras. A compra dos Tualatin Vineyards garante um fornecimento de uvas de vinhas velhas, enquanto o rótulo Griffin Creek, focado no Rogue Valley, oferece um delicado Viognier e um Syrah pleno de fruta madura. A administração visionária e a vinificação inteligente oferecem vinhos bem-feitos por bons preços. *8800 Enchanted Way SE, Turner, OR • 503 588 9463 • www.wvv.com tinto, branco ★ Pinot Noir, Pinot Gris, Viognier*

Abacela Vineyards
Umpqua Valley

Depois de muito procurar por todo o país um clima adequado para Tempranillo, a Abacela instalou-se nas encostas rochosas voltadas para o sul do Umpqua Valley. É difícil encontrar alguma coisa insossa na gama: juntamente com Tempranillo há Syrah, Merlot, Dolcetto, Grenache, Sangiovese e Malbec, e também grandes brancos como Albariño e Viognier. *12500 Lookingglass Rd, Roseburg, OR • 541 679 6642 • www.abacela.com tinto, branco ★ Syrah, Tempranillo, Malbec*

VINCENT GASNIER TOP 10

Fabulosos Vinhos Fortificados

1. **Dolce** Vale do Napa *pág 38*
2. **Hedges Cellars** Red Mountain *pág 104*
3. **Justin Vineyards** Paso Robles *pág 82*
4. **Quady Winery** Central Valley *pág 87*
5. **Merryvale** Vale do Napa *pág 41*
6. **Cedar Mountains** Livermore Valley *pág 87*
7. **Windsor Vineyards** Sonoma *pág 55*
8. **Joseph Filippi** Sul da Califórnia *pág 87*
9. **Guenoc Estate** Lake County *pág 63*
10. **Terre Rouge** Sierra Foothills *pág 86*

NORDESTE-ATLÂNTICO E OUTRAS REGIÕES

NORDESTE-ATLÂNTICO

O NORDESTE-ATLÂNTICO é a mais antiga região vinícola dos EUA, mas os invernos rigorosos impediram que a atividade se desenvolvesse no mesmo grau da Califórnia. Somente no final dos anos 1950 vinhas européias foram plantadas aqui, em vez das variedades nativas. Hoje o estado de Nova York abriga os vinhedos mais importantes e a Virgínia apresenta um ótimo potencial produtivo.

Legenda

Estado de Nova York

O litoral leste da América do Norte tem uma variedade maior de microclimas e solos que a Costa Oeste, o que lhe permitiria rivalizar com a Califórnia como terra de bons vinhos, não fossem os invernos rigorosos. As geadas sazonais tornam as vinhas enxertadas vulneráveis a danos, e conseqüentemente a vinha nativa *labrusca*, de maior resistência, foi historicamente cultivada nessas regiões. As variedades *labrusca* incluem Concord, Catawba, Ives, Delaware e Niagara, que tendem a produzir vinhos adocicados, altamente aromáticos. Estes nunca foram os mais apreciados pelos amantes de vinhos.

Essas vinhas, porém, foram as mais cultivadas durante séculos. O primeiro vinhedo foi plantado em Long Island pelos holandeses no século 17 – mas segundo os registros não sobreviveu ao inverno. Nos anos 1800 havia diversas híbridas no estado de Nova York, graças a horticultores que cruzaram milhares de variedades européias de *vinifera* com as vinhas nativas, mais resistentes. O movimento contra as bebidas alcoólicas no início do século 20, que culpava o álcool pelos males da sociedade, causou uma interrupção temporária no desenvolvimento da produção de vinhos. Em 1919, a Lei Seca *(pág 119)* efetivamente esmagou a indústria vitícola; até a abolição da lei e a redenção do álcool em 1933, os plantadores sobreviveram fabricando suco de uva e vinhos para rituais religiosos e vendendo uva para fabricantes ilegais de vinho.

Estado de Nova York

A década de 1950 foi um ponto decisivo para a viticultura no estado de Nova York. Konstantin Frank, um professor de botânica na Estação de Pesquisas Vitícolas do Estado de Nova York, começou a expor suas teorias de que *viniferas* do Velho Mundo como Riesling, Pinot Noir e Chardonnay podiam prosperar na área fria dos Finger Lakes. Suas opiniões baseavam-se em pesquisas que ele tinha realizado em Odessa, na sua Ucrânia natal. Charles Fournier, presidente da Gold Seal, a principal vinícola de Nova York, decidiu contratar o imigrante visionário como seu diretor de pesquisa. O dr. Frank enxertou com sucesso vinhas *vinifera* em "cavalos" fortes de raízes de vinhas americanas. No terrível inverno de 1957, em fevereiro – quando as vinhas *labrusca* do estado não conseguiram produzir uvas –, as vinhas Riesling e Chardonnay de Frank quase não foram prejudicadas e pro-

Rótulo de Dr. Konstantin Frank

Págs 110-1 **Vinhedo e construção tradicional em Keuka Lake, na área dos Finger Lakes**

Vinhedo junto ao lago Canandaigua, na região dos Finger Lakes

duziram uma colheita recorde. Frank chamou sua conquista de "o segundo descobrimento da América". O sucesso do dr. Frank na introdução de variedades de uvas européias no estado de Nova York surpreendentemente não foi seguido de plantios em grande escala de *vinifera* pelas grandes vinícolas. Em vez disso, a produção de vinho decente ficou sobretudo nas mãos de pequenos viticultores. Em 1976, uma nova legislação permitiu que essas vinícolas vendessem diretamente aos clientes, tornando as empresas mais viáveis economicamente. Em conseqüência, a indústria explodiu: em 2003 havia 177 vinícolas no estado de Nova York, comparadas com 19 em 1976. A produção do estado é hoje a quarta do país, depois de Califórnia, Washington e Oregon, e sua reputação por vinhos doces, baratos e *kosher* (para imigrantes judeus) ficou registrada na história. Viticultores de "butique" que cultivam cepas individuais de *vinifera* trabalham por paixão e prestígio aqui. Riesling, Cabernet Franc, Chardonnay e Merlot em estilo europeu, artesanais, são predominantes e aos poucos ganham reputação internacional.

Os Grandes Lagos

No interior, os estados setentrionais de Michigan, Ohio e Pensilvânia são banhados pelos Grandes Lagos, que geram microclimas que abrandam os extremos do inverno e fornecem condições em que as uvas européias podem florescer. O estado de Michigan, por exemplo, tem hoje mais de 90 vinícolas próximas à margem do lago Michigan (que raramente congela), algumas produzindo vinhos Chardonnay, Riesling, Gamay e Merlot de credibilidade.

Virgínia

Mais ao sul, o clima quente e úmido da Virginia durante o período de crescimento e na colheita prejudica o cultivo de vinhas. No entanto, com o uso aperfeiçoado de telas, muitas das vinícolas estabelecidas na região estão produzindo vinhos excelentes, a maioria da AVA Monticello. Hoje, segue o estado de Nova York, com a quinta produção nos EUA. Com o avanço das técnicas e tecnologias vitivinícolas, a Virgínia provavelmente será uma área interessante no futuro. Ela já foi até chamada de o próximo Vale do Napa.

A gigante global de bebidas Constellation Brands tem grandes operações administrativas no estado de Nova York, mas relativamente poucos vinhedos

Mapa Vinícola do Estado de Nova York

Entre as margens do lago Erie e a ponta leste de Long Island há quatro importantes Áreas Vitícolas Americanas (AVAs). A maior delas é Lake Erie, mas grande parte de sua produção é para a produção de suco. Cerca de 500km a oeste da cidade de Nova York, perto de Ithaca, fica a maravilhosa área dos Finger Lakes; ao norte de Manhattan está o Hudson River Valley; e a leste a "Bordeaux de Nova York" – North Fork, em Long Island – e South Fork, conhecida como The Hamptons. O centro do estado de Nova York está se desenvolvendo como região vinícola, mas ainda não foi denominado AVA.

PRINCIPAIS AVAS E GRANDES PRODUTORES

Long Island *págs 116-7*

Bedell Cellars *pág 120*
Palmer Vineyards *pág 120*
Paumanok Vineyards *pág 120*
The Lenz Winery *pág 120*
Wölffer Estate *pág 121*

Hudson River Valley *pág 117*

Finger Lakes *págs 117-8*

Centerra Wine Company *pág 121*
Château LaFayette Reneau *pág 122*
Dr. Konstantin Frank *pág 122*
North Lake Wines *pág 122*
Standing Stone Vineyards *pág 123*

Lake Erie *pág 118*

Johnson Estate *pág 123*

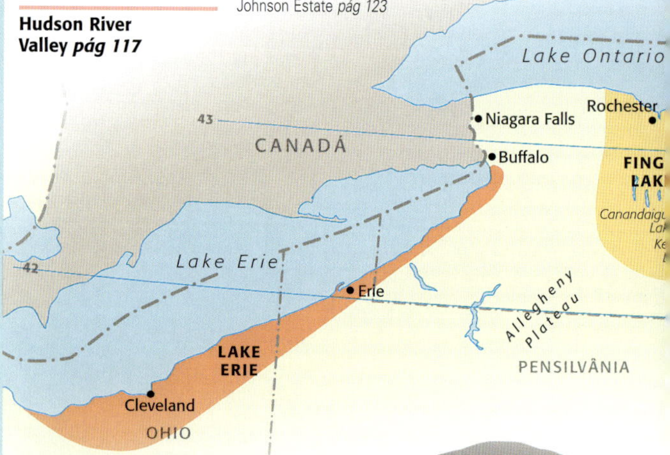

Vinhas plantadas na margem de um dos Finger Lakes, no estado de Nova York

Boas safras recentes do Nordeste-Atlântico incluem 1995, 1998, 1999 (branco), 2000, 2001, 2004 e 2005

Rótulo de Bedell Cellars

Informações Regionais Básicas

Latitude 40,5-43°N.

Altitude 0-245m.

Topografia Terreno diversificado. As geleiras da Era Glacial deixaram para trás uma paisagem de colinas onduladas, vales profundos e massas de água que vão dos esculpidos Finger Lakes ao amplo e majestoso rio Hudson.

Solo Profundos, bem drenados solos glaciais, sedimentos e composição de marga.

Clima Noites frias e dias cálidos, mas não quentes, caracterizam esses distritos vinícolas, que se beneficiam dos efeitos da água abundante (lago, rio ou oceano).

Temperatura A média em julho (verão) é de 24°C.

Chuvas A média anual é de 915-1.120mm.

Vento Brisas dos lagos e do mar mantêm os vinhedos frescos no verão. No inverno, ventos quentes de sudoeste, vindos do Atlântico, moderam as temperaturas da região.

Problemas vitícolas Podridão negra, insetos, danos por aves e furacões.

Vinhedo em Long Island

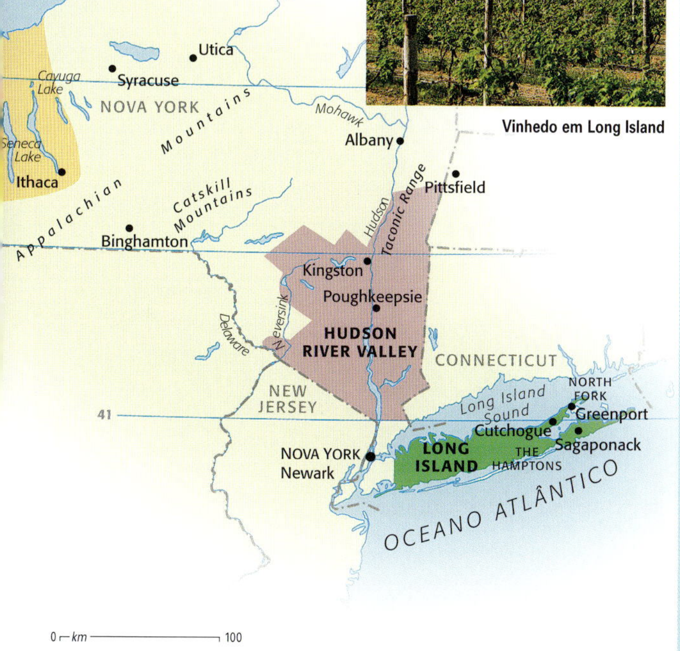

Áreas Vinícolas do Estado de Nova York

LONG ISLAND

Hoje a florescente Long Island abriga cerca de 52 vinhedos em duas penínsulas, cultivando exclusivamente cepas européias como Cabernet Sauvignon, Merlot, Chardonnay e Riesling. A área da ilha chamada North Fork – uma faixa limitada pelo estreito de Long Island, a baía Peconic e o Atlântico – contém a maioria dessas interessantes zonas vitícolas. Até agora não houve problemas com o filoxera, que surgiu em outros pontos da ilha. Enquanto a problemática Califórnia é obrigada a replantar suas antigas videiras enfraquecidas pelo filoxera, as vinhas relativamente jovens de Long Island logo irão superá-las em maturidade. *Areia fértil, marga, sedimentos* *Merlot, Cabernet Sauvignon, Cabernet Franc* *Chardonnay, Gewürztraminer, Riesling* *tinto, branco,* rosé, *espumante, sobremesa*

Rótulo de Bedell Cellars, North Fork

North Fork

Resenhas animadoras continuam sendo publicadas sobre os vinhos de North Fork, e muitos dos melhores restaurantes de Manhattan os incluíram em suas cartas.

Houve tentativas de vinhedos nessa região no século 17, mas foi só em 1973 que Alex e Louisa Hargrave plantaram com sucesso as primeiras vinhas *vinifera* em sua fazenda de batatas em Cutchogue. Ao longo dos anos eles tiveram de enfrentar vários períodos de secas, doenças e furacões. Em 2003, Long Island comemorou com pompa o 30° aniversário do sucesso dos Hargrave (apesar de o casal ter vendido a vinícola em 1999).

Seu espírito pioneiro inspirou outros viticultores, que hoje produzem cortes de classe internacional de Cabernet Sauvignon, Merlot, Chardonnay e Bordeaux. Os principais produtores de North Folk –

Vinhedo na margem oeste do lago Keuka

entre eles Bedell Cellars e a Lenz Winery *(pág 120)* – exibem elegantes tendências européias, mais que a ousadia dos vinhos da Califórnia. Com um longo período de crescimento de 215 a 235 dias (até três semanas a mais que South Fork), North Fork goza de um extenso período de temperaturas acima de zero. Os furacões que borrifam sal e as secas esporádicas representam um constante problema para a colheita, mas são os bandos de pardais e outras aves o principal perigo. Cobrir as vinhas com redes parece ser a melhor solução, embora cara.

Barris diante da Lenz Winery em North Fork, Long Island

The Hamptons

Famoso por suas enormes mansões e festas glamorosas no verão, The Hamptons também é uma área agrícola surpreendentemente produtiva, colonizada por imigrantes europeus no século 17. O solo profundo e bem drenado é rico em marga, e conseqüentemente exige menos irrigação que os vinhedos de North Fork. Das três vinícolas de South Fork – Wölffer Estate *(pág 127)*, Channing Daughters e Duck Walk –, a Wölffer é a mais ambiciosa e bem-sucedida, com seus Chardonnay e Merlot exibindo profundidade e equilíbrio satisfatórios.

Talvez o motivo da escassez de vinícolas nos Hamptons seja o custo proibitivo das propriedades aqui. O que já foi um conjunto de encantadoras e bucólicas aldeias marítimas, apreciadas pelos artistas de Nova York que querem sossego, hoje é uma área repleta de butiques, restaurantes e clubes noturnos. É um lugar especialmente embriagante nos fins de semana de verão, mesmo sem vinho.

HUDSON RIVER VALLEY

Há 300 anos se cultivam videiras no fértil vale do rio Hudson, e a região abriga a mais antiga vinícola em operação contínua dos Estados Unidos, a Brotherhood. Foi uma das poucas vinícolas que sobreviveram à Lei Seca, fabricando vinhos de missa e medicinais. Cepas nativas norte-americanas como Delaware, Concord, Catawba e Niagara predominam aqui, assim como a híbrida franco-americana Seyval Blanc.

O enorme vale, semeado de adoráveis cidades à beira do Hudson, fica em latitude semelhante à da Espanha, embora tenha um período de cultivo mais curto. Cerca de 30 vinícolas estão em operação, concentrando-se em vinhos de corpo leve e frutados. A Millbrook Vineyards and Winery é a principal produtora da região, fazendo um vívido Tocai Friulano e um correto Cabernet Franc, entre outros varietais. *Depósitos glaciais de xisto, ardósia, calcário* *Pinot Noir, Cabernet Franc* *Chardonnay, Tocai Friulano, Seyval Blanc* *tinto, branco*

FINGER LAKES

Geleiras da Era Glacial escavaram os onze Finger Lakes no centro-oeste de Nova York. Os quatro maiores lagos dão nome ao conjunto já que parecem os dedos afilados do Grande Espírito descrito na lenda da tribo iroquês.

As variedades de uvas híbridas franco-americanas cultivadas no estado de Nova York incluem Seyval Blanc, Vidal Blanc, Chelois, Baco Noir e Aurore

Vinhedos na margem do lago Canandaigua, nos Finger Lakes

Mais de 80 vinícolas dominaram essa antiga região selvagem, aproveitando as condições de plantio ideais para diversas cepas de uvas. Os lagos com encostas ondulantes apresenta temperaturas extremas no inverno e no verão, e os mais de 190 dias da estação de crescimento contribuem para excelentes condições de amadurecimento para Riesling, Gewürztraminer e Pinot Noir. Os espumantes são outro ponto forte, e o Glenora Wine Cellars em Dundee é um dos maiores produtores no leste dos Estados Unidos.

Ao longo da margem sudeste do lago Seneca fica o chamado "cinturão da banana", um fenômeno vitícola que apresenta as mais altas temperaturas durante o dia e a mais longa temporada de cultivo nos Finger Lakes. A maior concentração de vinícolas fica nesse bolsão, incluindo Wagner Vineyards, Château LaFayette Reneau, Standing Stone Vineyards, Silver Thread Vineyard e Red Newt Cellars. O mesoclima favorece as vibrantes cepas Gewürztraminer e Riesling, enquanto acrescenta intensidade a tintos elaborados à base de Merlot e Cabernet Sauvignon.

O centro do estado de Nova York, uma região pecuária a leste dos Finger Lakes, hoje passa por um forte desenvolvimento como área vinícola, mas ainda não conquistou status de AVA. Com mais de uma dúzia de vinícolas em operação – algumas das quais compram uvas de outras regiões –, a área começa a se destacar. *Solo superior raso em leitos inclinados de xisto* *Cabernet Franc, Pinot Noir, Merlot, Cabernet Sauvignon* *Chardonnay, Riesling, Gewürztraminer* *tinto, branco, espumante, sobremesa*

LAKE ERIE

Lake Erie é uma AVA que ocupa vários estados, cobrindo 16.188ha em Nova York, Pensilvânia e Ohio. Desde o século 19 os produtores de *labrusca* nativa dominam o mercado local, fazendo da área a capital do suco de uva dos EUA. A produção local de vinhos reflete essa tradição, tendendo a oferecer bebidas frutadas e doces.

Cada vez mais, porém, variedades franco-americanas como Seyval Blanc e Vidal Blanc e cepas nobres como Riesling e Chardonnay estão sendo amplamente plantadas. Das cerca de 12 vinícolas da região, a Johnson Estate e a Merritt Estate são as maiores, mais antigas e respeitadas. O lago oferece um macroclima único – extensa insolação no verão, poucas tempestades, fluxo de ar constante, que minimiza a botrítis e outros problemas fúngicos –, mas o inverno severo ameaça as vinhas a cada três anos aproximadamente. *Solos de cascalho e xisto de origem glacial* *Chancellor, Merlot, Cabernet Sauvignon* *Chardonnay, Riesling, Vidal Blanc* *tinto, branco, espumante, sobremesa*

A Lei Seca

A Lei Seca durou de janeiro de 1920 a dezembro de 1933, quando foram proibidas a manufatura e a venda de licores intoxicantes. Foi um desastre para a indústria doméstica de vinhos, e mesmo depois desses 14 anos de proibição a lei influenciou dramaticamente a produção de bebidas alcoólicas nos EUA.

Sobrevivência

Apesar de a 18ª Emenda à Constituição dos EUA ter criado a Lei Seca, havia brechas jurídicas que permitiram a certas vinícolas manter suas operações, limitadamente. Algumas produziram "tijolos de uvas" secos para a produção de vinho caseiro, que era permitida, enquanto alguns produtores foram designados para fabricar vinho para missas e com fins medicinais.

Bebida ilegal

Apesar dos esforços da polícia, a proibição foi desprezada. A produção e a venda de vinho, cerveja e outras bebidas foram difundidas, mas o suprimento de bebidas feitas clandestinamente estava nas mãos de mafiosos.

Conseqüências

A 21ª Emenda Constitucional pôs fim à Lei Seca. Hoje cada estado é responsável por seu próprio sistema de distribuição e venda de bebidas alcoólicas. Todos os estados operam um sistema interligado, pelo qual os produtores devem vender a atacadistas, estes a varejistas, que vendem aos consumidores. Em algumas regiões o próprio estado regula as vendas no atacado e no varejo.

O Movimento pela Moderação

A rápida expansão para o "Oeste Selvagem" no século 19 foi caótica, e a Primeira Guerra Mundial aumentou a sensação de conflito social. O movimento pela moderação nasceu de uma reação popular a essa desordem, e a preocupação com o consumo abusivo de bebidas alcoólicas tornou-se um dilema. Depois que ficou claro que a Lei Seca teve muitas conseqüências negativas, os líderes do movimento pediram reformas e modificação na legislação.

Barris de bebida alcoólica são esvaziados

Esq **Garrafas de Fox Run** Dir **Vinícola Wölffer**

Produtores do Estado de Nova York

Bedell Cellars
Long Island/North Fork
Partindo de uma iniciativa modesta, fazendo vinho em seu porão, Kip Bedell fundou em 1980 esta vinícola amplamente aclamada. Ele percebeu que o clima frio e os solos bem drenados de North Fork eram ideais para Merlot. Seus vinhos são deliciosos e sedosos. Eles enchem a boca e têm notas de frutas silvestres. Michael Lynne, um aficionado do assunto e co-presidente da New Line Cinema, adquiriu a casa em 2000. Kip Bedell continua sendo o enólogo ao lado de John Irving Levenberg, que também trabalhou em Bordeaux, na Nova Zelândia e no Vale do Napa. Lynne também comprou os vinhedos Corey Creek e Wells Road, começando uma nova era de investimentos na área. A casa produz um vinho em estilo Bordeaux com toques de ameixa, um Cabernet Sauvignon complexo e um Chardonnay ligeiramente amadeirado. Os vinhos da edição limitada Artist Series apresentam rótulos desenhados por artistas contemporâneos como Barbara Kruger e Eric Fischl. *36225 Main Rd, Cutchogue • 631 734 7537 • www.bedellcellars.com tinto, branco, rosé, sobremesa ★ Merlot, Corey Creek Chardonnay, C-Block South Merlot, Main Road Red, Main Road White*

Palmer Vineyards
Long Island/North Fork
A Palmer faz alguns dos vinhos mais renomados de Long Island. A experiência de publicitário de seu dono, Robert Palmer, ajuda, mas o Chardonnay redondo mas não opulento e o Cabernet Franc sedoso com toque de tabaco correspondem à fama. A sala de degustação, em uma casa de fazenda do século 18 em estilo da época, vale uma visita. *108 Sound Ave, Aquebogue • 631 722 9463 • www.palmervineyards.com tinto, branco, rosé, espumante ★ Cabernet Franc Reserve, Chardonnay Reserve*

Bedell Cellars

Paumanok Vineyards
Long Island/North Fork
Paumanok é a palavra indígena correspondente à expressão Long Island. Fundada por Ursula e Charles Massoud em 1983, é realmente um negócio familiar. Ursula vem de uma família produtora de vinhos alemães, e os três filhos do casal também estão apaixonadamente envolvidos no negócio. O suave Merlot e o rico Cabernet Sauvignon da casa são consistentemente bons, assim como seu Chardonnay suculento, que lembra melão. O Cabernet Franc é macio, com toques saborosos de tabaco. Charles também é um dos poucos no estado de Nova York que fazem Chenin Blanc, com vívidos aromas cítricos e de pêssego. *1074 Main Rd, Rte 25, Aquebogue • 631 722 8800 • www.paumanok.com tinto, branco ★ Merlot, Chenin Blanc*

The Lenz Winery
Long Island/North Fork
Fundada em 1978, a Lenz tem alguns dos vinhedos mais antigos de Long Island. O surpreendente Merlot Old Vines, feito dos mais antigos

vinhedos Merlot plantados na América do Norte, é aromático e voluptuoso, com toques de carvão. Em 1996, os proprietários, Peter e Deborah Carroll, estavam tão confiantes que os vinhos Lenz podiam competir com os melhores do mundo que incentivaram degustações públicas às cegas: os Merlots e os Chardonnays viraram notícia ao se equiparar a rivais franceses e californianos, mais caros. *Main Rd, Rte 25, Peconic • 631 734 6010 • www.lenzwine.com* *tinto, branco, espumante* ★ *Old Vines Merlot, Gewürztraminer, White Label Chardonnay*

Wölffer Estate
Long Island/The Hamptons
O magnata Christian Wölffer gastou milhões de dólares nesta vinícola em estilo da Toscana no coração dos Hamptons. Um centro eqüestre de nível internacional e local para eventos sociais elegantes garante sua popularidade entre os moradores ricos. Quanto aos vinhos, o viticultor de origem alemã Roman Roth lhes dá um estilo europeu, harmonizando com alimentos, classicamente elegantes. Eles vão de um bem-estruturado Premier Cru Merlot (vendido a US$100 no varejo), com seus luxuriantes aromas de frutas silvestres, que promete envelhecer bem, até um modesto *rosé* que evoca rosas e cítricos. *139 Sagg Rd, Sagaponack • 631 537 5106 • www.wolffer.com* *tinto, branco, rosé, espumante* ★ *Estate Selection Merlot, Reserve Chardonnay, Cabernet Franc*

Centerra Wine Company
Finger Lakes
Dona de cerca de 50 marcas, incluindo os vinhos fortificados Paul Masson e Inglenook, a casa é uma das maiores do país. Faz parte do gigante Constellation Brands. Muitos de seus vinhos são produzidos na Califórnia, enquanto a operação nos Finger Lakes é principalmente administrativa, mas há duas vinícolas locais: Canandaigua e Widmer's. *116 Buffalo St, Canandaigua • 888 659 7900 • www.cwine.com* *Widmer's* *tinto, branco, sobremesa, espumante, fortificado* ★ *Robert Mondavi Private Selection, Woodbridge by Robert Mondavi, Turner Road, Talus Collection*

Um Passeio pelos Distritos Vinícolas de Nova York

Os pitorescos distritos vinícolas do estado de Nova York valem uma visita. As vinícolas abertas ao público são indicadas por placas junto à estrada, exibindo cachos de uvas. Dezenas de vinícolas ocupam as margens do lago Seneca e outros da região. A **Hermann J. Wiemer Vineyard**, dirigida por um célebre mestre da Riesling, conduz passeios pelo vinhedo. A **Wagner Vineyards** tem um restaurante e sala de degustação para você experimentar seu Meritage tostado e com toques de ameixa, um corte de Bordeaux e seu Riesling Icewine ácido e aromático.

Millbrook Vineyards & Winery

Também nos Finger Lakes fica a **Glenora Wine Cellars**, que tem um bom restaurante e pousada com vistas espetaculares. É líder na região por seus ótimos espumantes, especialmente das cepas Riesling e Gewürztraminer. A **Millbrook Vineyards & Winery**, no Hudson River Valley, oferece concertos, filmes ao ar livre e ótimas festas da vindima. No circuito de degustação elegante de Long Island, os vinhedos **Pindar** e **Pellegrini** são coadjuvantes importantes, com música ao vivo, festivais gastronômicos e luxuosos jantares harmonizando vinho e comida.

Para endereços e websites das vinícolas acima, **pág 123**

Château LaFayette Reneau
Finger Lakes

O *terroir* ao sul do lago Seneca enriquece a Riesling estruturada, em estilo alemão e o Merlot encorpado com notas de café e cereja-preta elaborados pelo château. O Pinot Noir tem toques vivos de groselha e cereja, e o Cabernet Sauvignon apresenta toques de ameixa, couro e chocolate. O enólogo Tim Miller costuma ganhar medalhas por seus vinhos, e os proprietários, Dick e Betty Reno, dirigem uma pequena estalagem com vistas panorâmicas. *Rte 414, Hector • 607 546 2062 • www.clrwine.com tinto, branco, rosé, espumante, sobremesa ★ Cabernet Sauvignon, Merlot, Johannisberg Riesling*

Novos Produtores no Estado de Nova York

Alguns dos melhores produtores do estado são relativamente novos ou têm uma produção tão limitada que são virtualmente desconhecidos fora da região. O **Schneider Vineyards** é um especialista em Cabernet Franc digno de nota em North Fork. Nos Finger Lakes, **Shalestone Vineyards** e **Silver Thread Vineyard** vendem no local 90% do vinho que elaboram: a Shalestone produz cinco tintos bem-estruturados, excitantes, de variedades européias de *vinifera*, enquanto até agora a Silver Thread é a única vinícola local com uma abordagem totalmente orgânica da viticultura e faz deliciosos Riesling e Pinot Noir.

O viticultor David Whiting dos Finger Lakes é outra estrela: depois de temporadas na Château LaFayette Reneau e na Standing Stone Vineyards *(à direita)*, ele abriu a **Red Newt Cellars** em 1999 e elabora varietais diferentes e atraentes. Os **Fox Run Vineyards**, também nos Finger Lakes, têm excelentes Rieslings florais e frutados, e vêm expandindo sua produção com variedades de uvas Gamay, Merlot, Cabernet Franc e Gewürztraminer.

Garrafa de Fox Run

Dr. Konstantin Frank
Finger Lakes

O professor e botânico dr. Frank, que fundou esta vinícola seminal em 1962 *(pág 112)*, sabia cultivar com o menor uso possível de produtos químicos. É o que faz seu neto Fred, que espalha feno pelos campos para restaurar os nutrientes do solo e constrói casas para aves, que ajudam a controlar os insetos. Os vinhos incluem tintos plenos e terrosos, Rieslings ácidos e amadeirados. Utiliza a cepa Rkatsiteli, vibrante e com sabor de maçã, originária da Geórgia. Há também espumantes tostados que muitas vezes superam exemplares franceses mais caros. *9749 Middle Rd, Hammondsport • 607 868 4888 • www.drfrankwines.com tinto, branco, espumante ★ Château Frank Brut, Rkatsiteli, Cabernet Sauvignon*

North Lake Wines
Finger Lakes

Como a Centerra Wine Company *(pág 121)*, a casa é de propriedade da Constellation Brands. Sob sua direção há 35 marcas de vinhos, incluindo os de mesa Paul Masson, Taylor California Cellars, Taylor New York e o novo rótulo californiano Smashed Grapes, assim como vários importados. *235 North Bloomfield, Canandaigua • 866 334 9463 • www.nlwines.com tinto, branco, espumante, sobremesa ★ Dunnewood Vineyards, Belaire Creek, Foolish Oak*

Standing Stone Vineyards
Finger Lakes

O Gewürztraminer aromático, pungente e dourado da Standing Stone é provavelmente o melhor dos EUA. Os vinhos de Tom e Marti

Macinski são maravilhosamente complexos. O Pinnacle, de cor escura e sabor de fruta silvestre (um corte em estilo Bordeaux), e o Cabernet Franc com toques de cereja e chocolate são dignos de nota especial. O casal comprou as terras da vinícola pioneira Gold Seal em 1991, herdando as primeiras plantações de uvas *vinifera* européias em Nova York. O lugar é pequeno (16ha), mas cheio de potencial. *9934 Rte 414, Hector • 800 803 7135 • www.standingstonewines.com* ☐ *tinto, branco, sobremesa* ★ *Gewürztraminer, Pinnacle, Cabernet Franc*

Johnson Estate
Lake Erie
Aurore, Chambourcin, Ives Noir – a tradição de cepas de uvas híbridas americanas e franco-americanas de gosto estranho mas bem-feitas é mantida na Johnson, a mais antiga vinícola de propriedade familiar no estado de Nova York (1961). Vinhos semidoces, frutados, como o vivaz e divertido Seyval Blanc, são a especialidade. O Freelings Creek Merlot evoca torta de cereja e o híbrido franco-americano Chancellor é um tinto mais austero, com boa acidez. A Johnson Estate também é uma das vinícolas no lado norte-americano dos Grandes Lagos que faz *icewine (pág 132)* de uvas que congelaram na videira. O luxuoso Vidal Blanc Icewine é feito de uma híbrida franco-americana que descende de vinhas Ugni Blanc do sul da França. *8419 West Main Rd, Westfield • 716 326 2191 • www.johnsonwinery.com* ☐ *rtinto, branco, rosé, espumante, sobremesa,* icewine ★ *Vidal Blanc Icewine, Chancellor, Seyval Blanc*

Outros Produtores do Nordeste-Atlântico

Am Rhein Wine Cellars *(Virgínia)*
243 Patterson Drive, Bent Mountain • 540 929 4632 • www.roanokewine.com

Breaux Vineyards *(Virgínia)*
Breaux Vineyards Lane, Purcellville • 540 668 6299 • www.breauxvineyards.com

Chateau Grand Traverse Winery *(Michigan)*
Center Rd, Traverse City • 231 223 7355 • www.cgtwines.com

Cooper Vineyards *(Virgínia)*
Shannon Hill Rd, Louisa • 540 894 5253 • www.coopervineyards.com

Fox Run Vineyards *(Finger Lakes, NY)*
670 Rte 14, Penn Yan • 800 636 9786 • www.foxrunvineyards.com

Glenora Wine Cellars *(Finger Lakes, NY)*
5435 Rte 14, Dundee • 800 243 5513 • www.glenora.com

Hermann J. Wiemer Vineyard *(Finger Lakes, NY) Rte 14, Dundee • 800 371 7971 • www.wiemer.com*

Keswick Vineyards *(Virgínia)*
Keswick • 434 244 3341 • www.keswickvineyards.com

Millbrook Vineyards & Winery *(Finger Lakes, NY) 26 Wing Rd, Millbrook • 800 662 9463 • www.millbrookwine.com*

Pellegrini Vineyards *(Long Island, NY)*
23005 Main Rd, Cutchogue • 631 734 4111 • www.pellegrinivineyards.com

Pindar Vineyards *(Long Island, NY)*
Main Rd, Peconic • 631 734 6200 • www.pindar.net

Red Newt Cellars *(Finger Lakes, NY)*
3675 Tichenor Rd, Hector • 607 546 4100 • www.rednewt.com

Schneider Vineyards *(North Fork, NY)*
2248 Roanoke Ave, Riverhead • 631 727 3334 • www.schneidervineyards.com

Shady Lane Cellars *(Michigan)*
Shady Lane, Suttons Bay • 231 947 8865 • www.shadylanecellars.com

Shalestone Vineyards *(Finger Lakes, NY)*
9681 Rte. 414, Lodi • 607 582 6600 • www.shalestonevineyards.com

Silver Thread Vineyard *(Finger Lakes, NY)*
1401 Caywood Rd, Lodi • 607 582 6116 • www.silverthreadwine.com

St Julian Wine Company *(Michigan)*
716 South Kalamazoo St, Paw Paw • 269 657 5568 • www.stjulian.com

Wagner Vineyards *(Finger Lakes, NY)*
9322 Route 414, Lodi • 607 582 6450 • www.wagnervineyards.com

OUTRAS REGIÕES VINÍCOLAS DOS EUA

AS LEIS DE VINHOS NOS ESTADOS UNIDOS *permitem que qualquer estado seja reconhecido como sua própria área vitícola. Assim, quase todos os estados têm algum tipo de indústria vinícola. Esses vinhos podem ser feitos de uvas – como* vinifera *ou* labrusca *– ou de outros tipos de frutas, como as cítricas. As mais importantes dessas regiões são mostradas aqui.*

Legenda

• Outras regiões vinícolas

Texas

Possivelmente o novo estado produtor de vinhos de maior sucesso é o Texas, que passou de menor área de vinhedos em 1983 para a quinta maior atualmente. A história do vinho no Texas é na verdade mais antiga que a da Califórnia. Vinhos para rituais religiosos eram feitos aqui pelos monges franciscanos desde a década de 1650 – 130 anos antes de serem produzidos na Califórnia. Em meados do século 19, colonos alemães descobriram a uva nativa Mustang, que ainda hoje é usada para fazer vinhos. A primeira vinícola comercial foi a Val Verde, fundada em 1883.

Antes da Lei Seca a indústria vinícola texana era crescente – havia 19 vinícolas em 1919 e um vinho texano ganhou uma medalha de ouro na Exposição de Paris. O renascimento do estado depois da proibição começou em meados da década de 1950, quando um professor de viticultura, Robert Reed, plantou algumas mudas de videiras em seu pomar. Ele começou a experimentar diversas cepas, até que em 1987 o potencial do Texas como boa área vitícola foi reconhecido pelos franceses. Naquele ano, a famosa casa comercial de vinhos Cordier comprou 405ha de terra em Fort Stockton para um vinhedo, chamado Ste. Geneviève. Em 2006 havia cerca de cem vinícolas no estado.

O solo no Texas tende a ser de marga arenosa, com subsolos argilosos nas áreas dos vales. Cabernet Sauvignon, Sémillon, Chardonnay e Riesling crescem com sucesso.

Flórida

Os huguenotes franceses faziam vinho em Fort Caroline em 1564, o que teoricamente faz da Flórida o mais antigo estado produtor de vinhos dos EUA. No entanto, pouco aconteceu em termos de viticultura até o fim do século 19, quando novos colonos de outras partes do país trouxeram o cultivo de *labrusca* e *rotundifolia* (Muscadina). Hoje a Flórida tem uma indústria de vinhos bem-sucedida. O "vinho de laranja" é especialmente popular, juntamente com vinhos feitos de lima, manga ou maracujá. Muitos plantadores tentaram sem sucesso cultivar cepas *vinifera*, que são vítimas de doenças no clima quente e úmido da Flórida. No entanto, provando que o espírito pioneiro não morreu, o número de vinícolas no estado está crescendo.

Outros Estados

Em **Minnesota** os plantadores enterram suas vinhas sob uma espessa camada de terra para ajudá-las a sobreviver aos meses de inverno. Conseqüentemente, predominam as variedades nativas e híbridas, embora uma exceção notável sejam os Northern Vineyards,

Prédio de vinícola no Becker Vineyards, no emergente estado do Texas

onde os vinhos são feitos de variedades de *vinifera* próprias, como Chardonnay, Gewürztraminer, Pinot Gris e Pinot Noir.

Essas mesmas cepas são cultivadas com êxito em **Montana**, apesar de a estação de cultivo ser curta demais para uvas. A Mission Mountain Winery foi elogiada por seus vinhos feitos em Montana, mas freqüentemente precisa complementá-los com uvas de outros estados.

O estado desértico de **Nevada** é outro ambiente onde a estação de cultivo é curta demais e as uvas realmente não conseguem crescer. Mas os primeiros experimentos em viticultura começaram aqui em 1992, dando origem a vários novos vinhedos na década seguinte.

O **Novo México** é outro estado com antiga tradição em viticultura – no século 16 colonos espanhóis faziam vinhos de missa no vale do rio Grande, e suas vinhas européias ainda são a fonte de muitos dos vinhos produzidos hoje por cerca de 20 vinícolas.

No século 19, o **Wisconsin** foi o lugar onde o famoso Agoston Haraszthy *(pág 22)* plantou seu primeiro vinhedo, antes de mudar-se para o clima mais ameno da Califórnia. Os atuais viticultores do estado estão acostumados a ver suas vinhas sofrer danos no inverno. Aqui predominam os vinhos de frutas, mas Wisconsin também teve certo sucesso nas variedades de Riesling e Vidal Blanc, que amadurecem cedo.

Produtores de Outras Regiões

Becker Vineyards *(Texas) Stonewall, Gillespie County • 830 644 2681 • www.beckervineyards.com*

Chautauqua Vineyards *(Flórida) 364 Hugh Adams Rd, DeFuniak Springs • 850 892 5887 • www.chautauquawinery.com*

Flat Creek Estate *(Texas) Singleton Bend East, Marble Falls, Burnet County • 512 267 6310 • www.flatcreekestate.com*

Florida Orange Groves *(Flórida) 1500 Pasadena Avenue S., St. Petersburg • 800 338 7923 • www.floridawine.com*

Llano Estacado Winery *(Texas) FM 1585, Lubbock • www.llanowine.com*

Mission Mountain Winery *(Montana) Flathead Lake, Dayton • 406 849 5524 • www.missionmountainwinery.com*

Northern Vineyards Winery *(Minnesota) 223 N. Main St, Stillwater • 651 430 1032 • www.northernvineyards.com*

San Sebastian Winery *(Flórida) 157 King Street, St. Augustine • 888 352 9463 • www.sansebastianwinery.com*

Sea Breeze Winery *(Flórida) 13201 Hutchison Blvd, Panama City Beach • 850 230 3330 • www.seabreezewinery.com*

Ste. Genevieve Winery/Cordier Estates *(Texas) Fort Stockton • 800 336 2166*

VINHOS DO CANADÁ

CANADÁ

COM VERÕES QUENTES E ÚMIDOS *e invernos gelados, o Canadá parece não ter as condições ideais para produzir bons vinhos. Mas nos últimos 30 anos houve uma revolução vinícola no país. Diversos viticultores visionários plantaram cepas de clima frio nas décadas de 1970 e 1980, e hoje essas vinhas de 20 a 30 anos estão produzindo vinhos comparáveis aos do resto do mundo.*

História

As primeiras videiras de *vitis vinifera* foram plantadas por colonos europeus no início dos anos 1800. Mas enquanto espécies nativas floresciam na natureza as importadas sucumbiam a doenças com grande facilidade. Vinhos de mesa feitos das variedades nativas, principalmente *labrusca*, apresentaram um sabor muito estranho, mas quando fortificados em estilos de xerez ou porto tornaram-se muito mais bebíveis. Com um mercado de exportação constante para a Inglaterra, nascia a indústria canadense de vinhos.

Legenda

Regiões vinícolas do Canadá

De 1900 a 1950, os produtores de vinhos canadenses enfrentaram os mesmos problemas que seus vizinhos – a Lei Seca e duas guerras mundiais –, que limitaram o desenvolvimento da indústria. Na década de 1960, porém, o mercado mundial de vinhos mudou para vinhos de mesa mais secos e de menor teor alcoólico. Ao mesmo tempo, avanços tecnológicos no vinhedo introduziram clones resistentes a doenças, de modo que na década de 1970 as cepas européias prosperavam no Canadá.

VINCENT GASNIER TOP 10 Melhores Tintos Canadenses

1. **Mission Hill: Merlot** Okanagan
2. **Cedar Creek: Pinot Noir** Okanagan
3. **Blue Mountain: Pinot Noir** Okanagan
4. **Jackson-Triggs: Shiraz** Okanagan
5. **Nichol: Merlot** Okanagan
6. **Quails' Gate: Cabernet Sauvignon** Okanagan
7. **Sumac Ridge: Cabernet Sauvignon** Okanagan
8. **Inniskillin: Cabernet Franc** Niagara
9. **Thirty Bench: Cabernet Franc** Niagara
10. **Chateau des Charmes: Cabernet Franc** Niagara

Todos aparecem nas págs 132-3

A Indústria Vinícola Hoje

Em 1988 o Canadá assinou um tratado de livre comércio com os EUA. Para competir nas novas condições de mercado, os melhores produtores de vinhos canadenses perceberam que precisavam intensificar seus esforços para produzir vinhos de primeira classe. Para tanto, os plantadores em Ontário e em British Columbia arrancaram as vinhas nativas e as substituíram por variedades de *vinifera* como Chardonnay e Pinot Noir. Também em 1998 foi fundada a Vintners Quality Alliance (VQA) em Ontário. Esses produtores dedicados concordaram em adotar uma série de padrões para melhorar a qualidade dos vinhos canadenses e garantir qualidade aos consumidores. Desde 1988 os viti-

Págs 126-7 **Vinhedo no Okanagan Valley, British Columbia**

Vinhedo Mission Hill, Oliver, British Columbia

cultores canadenses têm produzido cada vez mais vinhos complexos e estruturados. O número de vinícolas comerciais hoje supera cem, e o padrão VQA é reconhecido pelos consumidores de todo o mundo. As vendas de vinhos VQA superaram os 10 milhões de litros em 2000.

Variedades de Uvas e Estilos de Vinho

A Riesling é atualmente a cepa branca de maior sucesso, especialmente em Ontário, onde produz vinhos secos, ácidos e longevos, com notas de lima e toranja, assim como vinhos de sobremesa com notas de mel, de colheita tardia, e o único *icewine (pág 132)*. A Chardonnay está produzindo vinhos que vão da versão suavemente tostada, usando carvalho francês ou americano, até versões mais ácidas, sem madeira, untuosos Sur Lies (vinho que é deixado com borras, depois engarrafado sem clarificação) e espumantes. Na British Columbia estão surgindo Pinot Blancs e Pinot Gris com profundidade e complexidade. Ricos Gewürztraminers carregados de lichia e aromáticos Sauvignon Blancs também estão se destacando.

Quanto às cepas tintas, a Pinot Noir tem crescido. A produtora Boisset, da Borgonha, aliou-se à Vincor, maior produtora do Canadá, para construir uma vinícola exclusiva em Niagara. O Cabernet Franc é usado como varietal, produzindo versões leves, com aroma de groselha e especiarias, assim como vinhos mais ricos com tons de cassis e chocolate. Merlot é a principal cepa cultivada na British Columbia, produzindo vinhos varietais aveludados, com rico sabor de ameixa.

O Padrão VQA

O Vintners Quality Standard (VQA) é o símbolo de vinhos de qualidade no Canadá e assemelha-se a outros sistemas de regulamentação, como o AOC da França. O símbolo é usado nas garrafas e garante aos consumidores que a bebida tem alta qualidade, conteúdo, porcentagem varietal, denominação e safra. Ontário e Britrish Columbia são atualmente as únicas áreas canadenses que produzem vinhos no padrão VQA. Se for usada uma denominação específica, como Okanagan Valley, significa que o vinho tem no mínimo 85% de Okanagan Valley e só foram usadas variedades de *vinifera*. Um vinho engarrafado na propriedade deve ter 100% de uvas da mesma ou controladas pela vinícola especificada. Os vinhos denominados por nomes de vinhedos devem ser 100% de uvas cultivadas no vinhedo especificado.

A indústria vinícola canadense deverá crescer 10% ao ano até 2010

Áreas Vinícolas do Canadá

Com exceção de alguns produtores de pequena escala em Nova Escócia e Quebec, virtualmente todo o vinho de primeira linha do Canadá é produzido de uvas cultivadas nas províncias de Ontário e British Columbia.

ONTÁRIO

Limitado pelos lagos Ontário, Huron e Erie, Ontário tem cerca de 6 mil ha de vinhedos, que ficam em latitude semelhante à da Toscana. Somente os invernos cheios de neve impedem que Ontário tenha tanto sucesso vitícola quanto a Califórnia. Por outro lado, são também esses invernos que permitem a produção anual do célebre *icewine* *(pág 132)*, que é feito de uvas congeladas. Os Grandes Lagos são amplamente responsáveis pelo clima temperado de Ontário, que permite o amadurecimento adequado de diversas variedades de *vinifera*. Há três Áreas Vitícolas (AV) denominadas.

VINCENT GASNIER TOP 10

Melhores Brancos Canadenses

1. **Lake Breeze: Pinot Blanc** Okanagan
2. **Mission Hill: Chardonnay** Okanagan
3. **Blue Mountain: Pinot Gris** Okanagan
4. **Jackson-Triggs: Viognier** Okanagan
5. **Quails' Gate: Chenin Blanc** Okanagan
6. **Sumac Ridge: Pinot Blanc** Okanagan
7. **Konzelmann: Chardonnay** Niagara
8. **Peninsula Ridge: Chardonnay** Niagara
9. **Cave Springs: Riesling** Niagara
10. **Malivoire: Moira Vineyard Gewürztraminer** Niagara

Todos aparecem nas págs 132-3

Niagara Peninsula

Bordejada pelo lago Ontário ao norte e pelo rio Niagara a leste, a Niagara Peninsula é a maior AV no Canadá, respondendo por 80% do volume de cultivo no país. Os vinhedos aqui são protegidos pelas famosas escarpas do Niagara, uma serra de 335m de altura que cria um constante fluxo de ar sobre as vinhas. O lago Ontário atua como uma espécie de bolsa de água quente, mantendo as temperaturas do ar relativamente aquecidas em toda a região no inverno e evitando geadas fortes na primavera, quando as vinhas estão brotando. O *icewine* é o principal vinho da região, mas alguns vinhos excelentes também são elaborados com Riesling, e outras cepas têm se desenvolvido bem na península. *Marga arenosa, cascalho, areia-e-argila* *Cabernet Sauvignon, Cabernet Franc, Merlot, Gamay, Pinot Noir* *Chardonnay, Riesling, Auxerrois, Vidal, Gewürztraminer, Pinot Blanc* *tinto, branco, espumante,* icewine

Lake Erie North Shore

Cerca de 200ha de vinhedos se situam na margem norte do lago Erie. A exposição ao sul dos vinhedos, juntamente com o efeito de aquecimento vindo do lago, dá a esta AV um potencial interessante para o futuro. *Marga arenosa, cascalho, argila* *Cabernet Franc* *Riesling, Vidal, Pinot Gris* *tinto, branco*

Pelee Island

Aproximadamente na mesma latitude de Roma, esta ilha, a 25km da costa do lago Erie, é o ponto mais meridional do Canadá. Ela tem 200ha de vinhedos. Suas variedades de *Vitis vinifera* foram plantadas inicialmente em 1980. *Marga arenosa a cascalho* *Cabernet Franc* *Riesling, Chardonnay* *tinto, branco*

BRITISH COLUMBIA

Quatro áreas vitícolas foram denominadas na British Columbia. Os vales de Okanagan e Similkameen apresentam verões quentes e secos porque são protegidos pela cadeia de montanhas costeira. O calor durante o dia faz os açúcares nas uvas se desenvolverem rapidamente, enquanto as baixas temperaturas à noite permitem que elas retenham altos níveis de acidez. Cada AV tem seu próprio microclima.

Okanagan Valley

As videiras começaram a ser plantadas aqui em meados do século 19. Hoje o vale de 160km é plantado com 1.500ha de variedades excelentes, o que torna British Columbia a maior e a mais antiga região de vinhos do país. Na extremidade sul do vale, perto da fronteira, as cepas tintas de Bordeaux como Cabernet Sauvignon e Merlot são bem-sucedidas. Pinot Gris, Pinot Blanc e Chardonnay prosperam no centro. Ao norte, o clima mais frio é adequado a uvas alemãs como Siegerrebe. *Pedra glacial, areia fina, sedimento e argila no norte; areia e cascalho no sul* *Pinot Noir, Cabernet Sauvignon, Cabernet France, Merlot* *Pinot Blanc, Pinot Gris, Chardonnay, Riesling, Siegerrebe, Sylvaner, Optima, Ortega* *rtinto, branco, espumante,* icewine

Similkameen Valley

Situado a oeste de Okanagan, Similkameen acompanha o curso do rio, cercado de encostas íngremes. Somente duas vinícolas se localizam nesta área vitícola. Cerca de 80ha de vinhas são plantadas às margens do rio. *Predominância de areia e cascalho*

Vancouver Island

Situada ao largo da costa oeste da British Columbia, esta ilha é a mais nova região de vinhos da província. O clima úmido e e com ventos não parece adequado ao cultivo, mas a ilha já tem um número de vinícolas maior que o do Similkameen Valley e ameaça dominar a área em termos de área de vinhedos cultivados, para tornar-se a segunda maior área de vinhos da British Columbia. *Marga arenosa ou cascalho* *Pinot Noir* *Pinot Blanc, Auxerrois, Ortega, Muller-Thurgau* *tinto, branco, espumante*

Fraser Valley

Situado a oeste de Vancouver, perto da fronteira, o Fraser Valley é a região vinícola mais meridional da British Columbia. Sylvaner, Optima e Gewürztraminer são plantadas aqui, e há tentativas com a cepa Pinot Noir. *Mrga arenosa* *Pinot Noir* *Sylvaner, Optima, Gewürztraminer* *tinto, branco*

Extremidade sul do Okanagan Valley, perto da fronteira norte-americana

Esq **Burrowing Owl Winery** Dir **Mission Hill Winery**

Grandes Produtores Canadenses

Cave Springs
Niagara

Esta grande vinícola foi fundada em 1986. Os vinhedos situam-se no Beamsville Bench, que é adequado a cepas aromáticas de *vinifera*. *Jordan, Ontario • 905 562 3581 • www.cavespringcellars.com* *com hora marcada* *tinto, branco* ★ *Riesling Off Dry, Indian Summer, Riesling Reserve*

Château des Charmes
Niagara

Fundada por Paul Bosc, que vem de uma longa linhagem de produtores da Alsácia, e dirigida por seu filho. Produz excelentes estilos de vinho tinto e também um espumante decente. *1025 York Rd, Niagara-on-the-Lake, Ontario • 905 262 5548 • www.chateaudescharmes.com* *com hora marcada* *tinto, branco, espumante, sobremesa,* icewine ★ *St David's Bench, Paul Bosc*

Icewine

Baseado no *Eiswein* alemão, o *icewine* canadense é produzido principalmente de uvas Vidal e Riesling. A colheita só pode ocorrer depois que a temperatura cai a pelo menos -8ºC, geralmente em dezembro e janeiro. As uvas ficam congeladas nas vinhas. Depois são colhidas e prensadas à mão. Como o conteúdo de água das uvas está congelado, pode ser extraído facilmente, deixando uma mistura altamente concentrada de açúcares e acidez naturais. Os *icewines* de Riesling são luxuosamente doces, com aromas tropicais de goiaba e manga. Os *icewines* de Vidal têm sabores de alcaçuz, pêssego e pêra.

Inniskillin
Niagara e Okanagan Valley

Em 31 de julho de 1975, Karl Kaiser e Donald Ziraldo receberam a primeira licença para vinícola emitida em Ontário desde 1929. A partir daí, a dupla ajudou a colocar a indústria de vinhos canadense no cenário internacional do vinho. Seu *icewine* de 1989 ganhou o Grand Prix d'Honneur na Vinexpo em Bordeaux. Dezenas de outros rótulos da Inniskillin incluem Single Vineyard Series, escolhido de locais excepcionais do Okanagan Valley e da Niagara Peninsula. *Niagara-on-the-Lake, Ontario • 905 468 2187 • www.inniskillin.com* *com hora marcada* *tinto, branco,* icewine ★ *Silver Label Single Vineyards, Gold Label Founders' Reserves*

Jackson-Triggs
Niagara e Okanagan Valley

Don Triggs e Allan Jackson estão entre os pesos-pesados da indústria de vinhos canadense, e seus vinhos conquistaram aprovação internacional. Cerca de 30 estilos são produzidos em suas propriedades no Okanagan Valley e na Niagara Peninsula. *2145 Regional Rd, Niagara-on-the-Lake, Ontario • 866 589 4637 • www.jacksontriggswinery.com* *tinto, branco,* rosé, *espumante, sobremesa,* icewine ★ *Propietors' Grand Reserve, Sun Rock Vineyard, Delaine Vineyard*

Blue Mountain
Okanagan Valley

Esta vinícola lançou sua safra de estréia em 1991. O Pinot Gris era insosso e acaramelado no começo, mas hoje é um dos melhores da

Em 1988, antes da criação da VQA, havia uma dúzia de vinícolas em Okanagan; hoje são mais de 50

British Columbia. Os vinhos espumantes se beneficiaram da consultoria de Raphael Brisbois, que já trabalhou na Omar Khayyam, na Índia, e na Iron Horse, na Califórnia. Também há um bom Pinot Noir feito pela Blue Mountain. ✆ *Okanagan Falls, BC • 250 497 8244 • www.bluemountain winery.com* ☐ *com hora marcada* ▣ *tinto, branco, espumante,* rosé ★ *Brut, Cream Label, Stripe Label*

Icewine da Mission Hill

Burrowing Owl
Okanagan Valley

Situada no lado leste do Okanagan Valley, a Burrowing Owl teve seus primeiros vinhos elaborados em 1997 por Jim Wyse, com a ajuda do californiano Bill Dyer. Todos os seus varietais ganharam prêmios. ✆ *Oliver, BC • 877 498 0620 • www.burrowingowlwine.ca* ☐ ▣ *tinto, branco* ★ *Meritage, Cabernet Franc, Chardonnay*

Mission Hill
Okanagan Valley

Começou a ganhar medalhas depois que o neozelandês John Simes a assumiu, em 1992. Oculus é um corte inspirado em Bordeaux; os rótulos SLC são os vinhos *premium.* ✆ *Westbank, Okanagan Valley, BC • 250 768 7611 • www.missionhillwinery.com* ☐ *com hora marcada* ▣ *tinto, branco,* icewine ★ *Five Vineyards, Oculus, SLC Icewine*

Quails' Gate
Okanagan Valley

A família Stewart plantou seus vinhedos na década de 1960, mas foi só na de 1990, depois da chegada do enólogo australiano Jeff Martin, que a qualidade melhorou rapidamente. Os brancos Family Reserve estão entre os melhores do Canadá. ✆ *3303 Boucherie Rd, Kelowna, BC • 250 769 4451 • www.quailsgate.com* ☐ *com hora marcada* ▣ *tinto, branco, sobremesa,* icewine ★ *Family Reserve Chenin Blanc, Limited Release Cabernet Sauvignon, Allison Ranch Chardonnay, Riesling Icewine*

Sumac Ridge
Okanagan Valley

A Sumac Ridge foi a primeira vinícola do Canadá a criar vinhos Meritage – um corte de cepas tradicionais de Bordeaux – e também a primeira na British Columbia a experimentar o método tradicional de fermentação de vinho espumante na garrafa, que está se mostrando promissor. Seu Gewürztraminer Private Reserve é tão bom quanto os elaborados na Alsácia. ✆ *Summerland, BC • 250 494 0451 • www.sumacridge.com* ☐ *com hora marcada* ▣ *tinto, branco,* rosé, *sobremesa, espumante,* icewine ★ *Black Sage Vineyard, Cellar Selection*

Outros Produtores do Canadá

Cedar Creek *(Okanagan) Lakeshore Rd, Kelowna, BC • 800 730 9463 • wwwcedarcreek.bc.ca*

Henry of Pelham *(Niagara) Pelham Rd, St. Catherines, Ontário • 905 684 8444 • www.henryofpelham.com*

Konzelmann *(Niagara) Lakeshore Rd, Niagara-on-the-Lake, Ontário • 905 935 2866 • www.konzelmannwines.com*

Lake Breeze Vineyards *(Okanagan) Naramata, BC • 250 496 5659*

Malivoire *(Niagara) King St East, Beamsville, Ontário • 866 644 2244 • www.malivoirewineco.com*

Nichol Vineyards *(Okanagan) Smethurst Rd, Naramata, BC • 250 496 5962*

Peller Estates *(Niagara) John St East, Niagara-on-the-Lake, Ontário • 905 468 4678 • www.peller.com*

Peninsula Ridge *(Niagara) King Street West, Beamsville, Ontário • 905 563 0900 • www.peninsularidge.com*

Reif Estate *(Niagara) Niagara-on-the-Lake, Ontário • 905 468 7738 • www.reifwinery.com*

Stoney Ridge Cellars *(Niagara) King Street, Vineland, Ontário • 905 562 1324 • www.stoneyridge.com*

Thirty Bench *(Niagara) Mountainview Rd, Beamsville, Ontário • 905 564 1698 • www.thirtybench.com*

As casas Inniskillin, Sumac Ridge e Jackson-Triggs são as proprietárias da Vincor, o maior conglomerado canadense de vinhos

REFERÊNCIA

Estilos de Vinho

É evidente que dois vinhos jamais terão o mesmo sabor, mas seus estilos (exceto os fortificados, como o porto ou o xerez) podem ser classificados nas dez categorias listadas abaixo. Exemplos dos EUA e/ou do Canadá são mencionados como referência para cada estilo.

Vinho Espumante

Os espumantes vão do levíssimo prosecco italiano, passando pelo elegante e metálico champanhe francês, que evolui com o decorrer do tempo e chega até a *perlage*, elegante, vivaz e com sabor de tostado de vinhedos de áreas mais quentes da América, sem falar nos vivos espumantes tintos feitos da Shiraz madura na Austrália. O corte clássico (em particular o champanhe) leva Chardonnay, Pinot Noir e Pinot Meunier que desenvolve os sabores frutados com firmeza e fragrância. Os de primeira linha também ganham complexidade com a segunda fermentação que ocorre na garrafa e com o contato com as leveduras do fim da fermentação. O bom champanhe terá sabores complexos de tostado, nozes, manteiga e biscoito, e a sensação de cócegas provocada por suas borbulhas é importante para equilibrar seu sabor. ★ *Espumantes de "método tradicional" (Vale do Napa)*

Vinho Branco Vivaz, Seco e Leve

Tem tons pálidos, brancos e até meio esverdeados; no nariz, aromas de maçã verde, grama recém-cortada, pedras úmidas e, às vezes, frutas silvestres. Esses vinhos são leves, com aromas neutros respaldados por uma acidez pronunciada, mas agradável, e uma sensação refrescante e vivaz na boca, com sabores de maçãs, peras e frutas cítricas. As uvas principais são a Pinot Blanc, a Sauvignon Blanc, a Riesling e versões mais leves de Chardonnay. Não são muito fáceis de encontrar no Novo Mundo (exceto nas regiões frias da Nova Zelândia); exemplos clássicos do Velho Mundo incluem o vinho verde de Portugal e o Chablis e o Muscadet da França. O amadurecimento em barris de carvalho não favorece os secos e vivazes. Devem ser refrescantes na boca e são melhores quando jovens. ★ *Riesling de Ontário, Riesling de Nova York, Sauvignon Blanc*

Vinho Branco Aromático ou Floral, Seco a Meio-doce

Os aromáticos podem ter uma cor intensa, mas é no nariz que realmente causam impacto. Pode-se esperar qualquer coisa entre o mel, o querosene e o feno (Riesling), notas cítricas defumadas (Pinot Gris), pêssego (Viognier) e até o mais puro sabor de uva (Moscatel), além de rosas, lichias e o deleite amendoado da mais aromática de todas, a uva Gewürztraminer. A maioria desses aromas será reforçada na boca por sabores semelhantes, mas os vinhos podem variar de leves e delicados (alemães, gregos) até os mais robustos, potentes e aromáticos (produzidos na Alsácia e na Austrália). Seus aromas intensos podem se harmonizar muito bem com um toque de açúcar, e por isso alguns são produzidos em estilo *off-dry* (semi-seco) ou meio-doce. Nenhum produtor sensato asfixia esse caráter vivaz com o uso de carvalho. ★ *Gewürztraminer Gewürztraminer (EUA e Canadá), Viognier da Califórnia*

Vinho Branco Meio Encorpado, Ácido ou Metálico

Menos exuberantes no nariz e mais marcantes na boca do que os aromáticos, os estilos ácidos/metálicos estão entre as melhores opções para acompanhar a comida. Com aromas mais aveludados e suaves exigem algum tempo para que sejam liberados na taça à medida que o vinho se aquece e amadurece. Sabores firmes de fruta tendem a ficar mais suaves quando o vinho envelhece. Os ácidos têm notas de avelã (Chardonnay), pedras molhadas (Chenin Blanc) e cera de abelha (Sémillon); os metálicos tendem a silício e frutas vermelhas silvestres (Sauvignon Blanc) e lima (Riesling). De modo geral, os vinhos ácidos respondem melhor que os metálicos ao amadurecimento em barris de carvalho, mas não por muito tempo: o poderoso sabor de baunilha do carvalho pode ofuscá-los rapidamente. ★ *Riesling da Califórnia*

Vinho Branco Encorpado e de Sabor Complexo

Cheios, exuberantes e dourados da taça, são sedutores em aparência e em sabor, com suave toque amanteigado e aromas de mel, frutas tropicais, pêssego, nectarina e até abacaxi. Sabores igualmente ricos também serão sentidos na boca. Os brancos encorpados freqüentemente têm maior teor alcoólico, mas os melhores possuem um toque de acidez que melhora o seu equilíbrio. Todos se beneficiam da baunilha característica adquirida nos barris de carvalho, mas não devem ser ofuscados por ela. Muitos adquirem maior complexidade com o passar dos anos. Países do Novo Mundo hoje fornecem a maior parte desse estilo de vinho, mas o norte do Rhône, o Languedoc-Roussillon e o centro da Espanha também produzem brancos potentes. ★ *Chardonnay (North Coast da Califórnia e Centro-Sul da Califórnia)*

Vinho *Rosé*

Feito de uvas tintas que são deixadas por pouco tempo em contato com as cascas das frutas, que conferem cor aos vinhos, o *rosé* pode variar do mais pálido rosa-bebê (caso do California Zinfandel) ao vermelho profundo e opaco (da Grenache australiana). Tudo depende de quanto tempo demora a maceração das uvas. Muitos deixam na boca um sabor semelhante ao do vinho branco, mas os aromas de frutas vermelhas e silvestres "denunciam" a uva tinta. Os mais leves, em geral dos países do Velho Mundo (Vale do Loire e Provença na França, Navarra na Espanha), são delicados, refrescantes e ácidos, com um toque de frutas vermelhas. Os mais encorpados – do Vale do Rhône e da Austrália – têm sabores mais ricos e profundos, com um toque de tanino que os aproxima dos tintos. ★ *Grenache, vinhos Zinfandel rosé (Califórnia)*

Vinho Tinto Fresco, Frutado e Taninos Baixos

Tem o estilo mais simples, fresco e suculento possível. Deve ser consumido logo, para que seja apreciado plenamente, com seus aromas puros e essenciais de framboesas, maçãs vermelhas e cerejas, que também enchem a boca. Não há taninos fortes que interfiram na suavidade acetinada do vinho, de sutil acidez. Os tintos frescos e frutados são produzidos tanto no Velho quanto no Novo Mundo, de cepas naturalmente pobres em tanino, como a Gamay, a Grenache e a Barbera. Em países mais quentes, onde as uvas amadurecem ao sol, os taninos muitas vezes são subjugados por sabores frutados mais intensos; nesse caso, uvas robustas como a Merlot podem substituir o tanino por sabores de ameixa. O principal atrativo destes vinhos é o seu frescor frutado, e por isso são melhores quando não amadurecem em barris de carvalho. ★ *Merlots mais leves (Califórnia), Pinot Noirs mais leves (Canadá)*

Vinho Tinto Semi-Encorpado a Encorpado

Esta categoria inclui os vinhos tintos mais famosos do mundo, e os primeiros aspectos a se considerar são seu corpo e estrutura. Nos vinhos meio-encorpados e encorpados do Velho Mundo, tais como os Borgonha, Bordeaux e Barolo, os aromas e os sabores podem não se expressar plenamente a princípio; mas, com um ou dois anos de idade, abrem-se para revelar aromas silvestres muito sutis, por exemplo de amora, ameixa e violeta. Esses tintos também evoluem de maneira similar na boca: os taninos jovens e duros se suavizam e, à medida que o vinho envelhece, sua gama de sabores de frutas evoluirá para incluir mirtilo, especiarias, trufas e notas de baunilha. Estes vinhos semi-encorpados e encorpados combinam com carnes vermelhas e carne de caça. ★ *Pinot Noir (Noroeste-Pacífico, especialmente o Willamette Valley, Oregon e Sonoma Coast, Califórnia), misturas de Cabernet Sauvignon-Merlot (Califórnia), misturas de Cabernet Sauvignon-Cabernet Franc (Califórnia)*

Vinho Tinto Cheio, Potente, com Especiarias

São os que mais enchem a boca. Uvas como a Cabernet Sauvignon (cassis), Shiraz (ameixa e especiarias) e Zinfandel (couro e morangos) dominam a categoria. São ricos, de cor profunda na taça, aromas intensos de frutas escuras e, na boca, a suavidade densa e aveludada da fruta. Em geral, são elaborados de uvas resistentes, que sobrevivem ao calor nos vinhedos do Novo Mundo ou no norte do Rhône. Muitos podem evoluir na adega, mas o seu frutado maduro intenso torna-os excelentes ainda jovens. Precisam de carvalho para equilibrar seus potentes sabores de frutas. ★ *Cabernet Sauvignon (Califórnia, especialmente Vale do Napa), Zinfandel (Califórnia)*

Vinho Doce ou de Sobremesa

Podem variar de frutadas, leves e delicados até os licorosos produzidos na Austrália (todos com Moscatel), que exibem toda a luz do sol de suas origens. Os primeiros são leves, e os segundos são de sobremesa, concentrados demais para acompanhar uma refeição. Entre eles há uma grande variedade de vinhos doces com aromas amanteigados e de mel – o mais elegante é o Sauternes. Todos devem exibir uma acidez vivaz, mas agradável, para equilibrar a doçura da fruta; senão, serão vinhos enjoativos. As vinhas de Riesling da Alsácia, estão entre as mais vivazes. ★ *vinhos doces de colheita tardia (Califórnia e Nova York), icewine (Niagara e Okanagan, Canadá)*

Para detalhes práticos sobre degustação de vinhos e um glossário de termos usados para descrever vinhos **págs 138-41**

Degustação do Vinho

O vinho pode ser consumido como qualquer outra bebida, mas degustá-lo, no entanto, exige uma abordagem mais metódica e reflexiva. As anotações a seguir servirão para ajudar a maximizar os prazeres que se extraem de cada taça.

A Preparação

O melhor é degustar o vinho em um ambiente com iluminação natural e sem cheiros, que permita a apreciação de suas verdadeiras cores e impeça a interferência de outros aromas nos sentidos. Evite perfumes, hortelã e fumo. Os fatores mais importantes para a degustação do vinho são o formato e o tamanho do copo: eles podem ter grande impacto sobre o sabor da bebida *(pág 146)*.

O Visual

Observar atentamente o vinho pode fornecer pistas valiosas sobre seu caráter. Considere a cor e verifique se o vinho é límpido – a opacidade pode ser indicação de defeitos. No caso dos tintos, incline a taça em direção oposta à sua contra um fundo branco e inspecione a borda do líquido para ver sua cor real. À medida que o tinto envelhece, a cor muda dos roxos brilhantes para os castanhos e, mais tarde, para marrons. Por isso, se parecer marrom, pode ter passado do ponto (embora essa cor seja normal no porto e no xerez). Um colorido dourado intenso nos brancos pode indicar amadurecimento em carvalho, ou também que se trata de um vinho doce ou de fruta particularmente madura.

O Espectro Olfativo

Cheirar o vinho aprofunda o prazer e os conhecimentos. Primeiro, aspire delicadamente o vinho. Atente à sua primeira impressão, pois, em geral, é a mais reveladora. Segurando a taça pela haste ou base, faça o vinho girar para ajudar a liberar seus aromas e aspire novamente. Preste atenção nos aromas de frutas que sentir. Se sugerirem uma gama de sabores, trata-se de uma indicação de qualidade. O aroma de frutas sugere aromas mais maduros e evoluídos, como cogumelo, couro ou querosene? Algum é dominante? Para saber mais sobre os aromas, ver *págs 140-1*.

O Sabor Gustativo

Essa parte é apenas a confirmação do que percebemos no nariz. Tome um pequeno gole e mantenha o vinho em contato com a boca e a língua por algum tempo. Você pode realçar os sabores franzindo os lábios e aspirando uma pequena quantidade de ar pela boca. Isso exige prática, mas é algo que os degustadores profissionais fazem, já que a presença do oxigênio realça os sabores experimentados. Se provar vários vinhos em uma única sessão, o melhor é cuspir cada vinho depois de avaliar os sabores e neutralizar a boca com um biscoito ou um gole de água. Outras dicas interessantes incluem:

- Note a doçura do vinho, que se percebe na ponta da língua. É seco, médio ou doce?
- Considere a acidez (os elementos que mantêm o frescor do vinho), que é sentida nos lados da língua. Está em equilíbrio com os demais sabores?
- Qual o peso do vinho em sua boca? Parece leve, médio ou encorpado?
- Avalie no vinho o tipo de frutado. É puro e frutado (como os vinhos jovens) ou maduro e complexo (como um exemplar mais velho)?
- No caso dos vinhos tintos, considere os taninos – aqueles elementos secos, adstringentes, que persistem nas gengivas. Eles são duros e ásperos ou equilibrados com o vinho?

O Final

Considere quanto tempo o sabor permanece na boca depois de engolido ou expelido. Isso é o conhecido por "final". Em geral, quanto mais persistente for o sabor, melhor será a qualidade do vinho.

Notas de Degustação

É quase impossível expressar com palavras todas as complexidades e sutilezas de um vinho. Quando se trata de identificar aromas e sabores, os degustadores usam um jargão com palavras de todas as áreas possíveis, incluindo frutas, flores, especiarias, nozes e tipos de madeira. Há alguns elementos gustativos em certos vinhos: os aromas de baunilha, por exemplo, provêm da vanilina encontrada nos barris de carvalho novo. Mas outros não passam de impressões que os vinhos evocam ou sugerem ao degustador. Os sentidos do olfato e do paladar naturalmente variam de pessoa para pessoa. Todos temos nosso "banco particular de sabores" na memória.

Termos Descritivos

É muito grande o número de palavras e frases utilizadas para qualificar o caráter e o estilo de um vinho. As definições não são rígidas, e há sempre uma boa margem para sobreposição dos diversos termos.

Leia mais sobre as cepas norte-americanas na **pág 13**

Ácido Todos os vinhos precisam de acidez para manter o equilíbrio, mas seu excesso é um defeito. A acidez é detectada nas laterais da língua.
Amadeirado Normalmente, um termo negativo que descreve um vinho cujo sabor de madeira se sobrepõe a todos os outros. Se for jovem e de boa qualidade, pode ter essa característica amenizada com alguns anos de guarda. Os sabores de carvalho podem ser desejáveis, mas só se equilibrados pelos de fruta.
Amargor Termo negativo utilizado para descrever um vinho com excesso de taninos duros e que deixa um sabor amargo na boca, detectado na parte posterior da língua. Mas, em alguns vinhos tintos um certo amargor é uma característica desejável.
Aromático Vinho com aromas muito intensos, que normalmente escapam da garrafa. Entre as variedades aromáticas de uvas estão a Sauvignon Blanc, a Riesling, a Gewürztraminer e a Moscatel.
Austero Vinho pobre em aromas de frutas e que exibe taninos duros e amargos e/ou alta acidez.
Blockbuster É usado para descrever vinhos "bombas", com grandes quantidades de fruta, álcool, taninos e notas de carvalho.
Carnudo Vinho cuja textura se sente quase sólida na boca, graças a altas proporções de frutas e extratos.
Chato Termo negativo utilizado para um vinho que tem baixa acidez e é, portanto, desequilibrado. Pode ter gosto meio enjoativo.
Cheio Vinho encorpado que deixa forte impressão nos sentidos e normalmente contém altos índices de fruta, taninos e/ou álcool. O termo também é usado para descrever um vinho cheio de sabor.
Complexo Vinho com muitas camadas de aromas e sabores – muita fruta diferente e, além disso, toques de especiarias e baunilha. A complexidade é um dos elementos que separam um vinho mediano de um vinho bom ou excelente. Os vinhos mais complexos geralmente passam por um período de envelhecimento, o que permite a evolução de mais sabores.
Concentração Sabor intenso normalmente encontrado em vinhos com alto grau de tanino, açúcar e outros elementos que lhe conferem cor e sabor.
Corpo O peso ou impressão que o vinho deixa na boca em função do álcool e dos extratos. Uma boa maneira de saber se um vinho é leve, meio-encorpado ou encorpado é comparar a impressão que ele deixa na boca com a água.
De guarda Aplicado aos vinhos que se beneficiam de maior tempo de envelhecimento em garrafas. Exemplos típicos são os jovens com taninos potentes ou com boa acidez, ou alguns vinhos brancos.
Doce Vinho com pronunciados níveis de açúcar, sentidos na ponta da língua. A expressão "sabores frutados doces" pode ser utilizada para descrever um estilo de vinho extremamente maduro.
Elegante Termo subjetivo usado para descrever um vinho de boa qualidade, sutil e equilibrado, que não é excessivamente frutado e se bebe com grande prazer.
Encorpado Normalmente se refere a um vinho tinto encorpado, tânico, difícil de beber. Costuma indicar que o vinho deve passar mais tempo na garrafa.
Equilibrado Vinho em que todos os componentes (principalmente acidez, álcool, frutas, taninos, açúcar e extratos) estão em harmonia, sem predominância de nenhum elemento.
Estruturado Normalmente se refere aos taninos de um vinho tinto, que dão estrutura aos outros elementos. No caso de um vinho "bem estruturado", os taninos são perceptíveis, mas equilibrados. Termo algumas vezes usado para se referir à acidez de vinhos brancos; nesse caso, por exemplo, pode-se afirmar que um vinho branco tem "boa estrutura acídica".
Evoluído Pronto para beber. Geralmente usado para vinhos de qualidade que devem envelhecer na garrafa. Supermaduro é um eufemismo para vinhos que passaram do ponto.
Extratos Todas as matérias sólidas de um vinho, tais como os taninos, açúcares e componentes que lhe dão cor e sabor. O extrato dá corpo ao vinho.
Fácil de beber Vinho relativamente simples, que pode ser desfrutado sem grande cerimônia. É frutado. Se tinto, terá pouco tanino.
Finesse Qualidade de um vinho que exibe elegância.
Franco Sem defeitos em termos de aroma e sabor.
Fresco Equivale a vivaz, com acidez pronunciada, mas atraente e refrescante. Normalmente designa vinhos brancos jovens.
Frutado Com sabores de fruta variados e atraentes.
Grosseiro Vinho bruto, sem sutilezas.
Ligeiro Termo usado para descrever um estilo de vinho fácil de beber, com sabores frutados.
Macio Vinho tinto com taninos suaves.
Maduro Vinho feito de uvas maduras e que exibe sabores de frutas suculentas (como abacaxi e não maçã) e de climas mais quentes. O vinho maduro também pode sugerir certo grau de doçura, mesmo que não contenha açúcar.

Leia mais sobre as cepas canadenses na **pág 129**

Potente Vinho "grande", com altos teores de álcool e/ou extrato. O termo pode ser usado em sentido positivo ou negativo.
Quente Vinho com excesso de álcool que deixa um final "quente". Pode ser usado para descrever tintos encorpados e condimentados.
Rico ou concentrado, o que implica sabores complexos e intensos na boca. Também pode descrever um vinho levemente doce.
Seco Sem açúcar ou doçura evidentes. Sabores de frutas muito maduras ou de carvalho novo podem às vezes transmitir a sensação de doçura, mas o vinho pode, ainda assim, ser considerado seco. O termo *dried-out* (ressecado ou velho) se aplica aos tintos que passaram tempo demais em tonel ou garrafa e perderam o sabor de fruta.
Simples Vinho sem complexidade, com sabor unidimensional. Se for um vinho caro, trata-se de um defeito, mas não é um problema no caso dos vinhos de consumo diário.
Sutil Normalmente associado a finesse ou refinamento; significa que o vinho contém diferentes nuances e sabores. Também pode ser um eufemismo para um vinho sem sabor frutado.
Tânico Vinho com excesso de taninos – os componentes adstringentes que vêm das cascas, sementes e engaços das uvas. Alguns vinhos tânicos simplesmente precisam de mais tempo de envelhecimento na garrafa. Os taninos não são necessariamente uma coisa ruim; só precisam ser equilibrados com os sabores de frutas.
Vivaz Tem acidez pronunciada, mas agradável e refrescante. Termo geralmente usado para descrever vinhos brancos com sabor fresco e limpo.

Aromas e Sabores

É evidente que milhares de diferentes aromas e sabores podem ser identificados nos vinhos. Aqui vai uma lista dos mais comuns. Alguns sabores (como o cassis) falam por si mesmos, enquanto outros (caso de "mineral" ou "vegetal") exigem um pouco mais de explicação. Cada verbete inclui exemplos de cepas de uvas ou vinhos aos quais os sabores e aromas costumam ser associados.
Alcaçuz Bastante associado aos tintos encorpados feitos de Syrah.
Amanteigado Textura cremosa remanescente de manteiga (e não de seu sabor específico) que é comumente encontrada no Chardonnay fermentado em madeira e em outros vinhos brancos. Uma característica da fermentação maloláctica, particularmente quando se utilizam borras no barril.
Ameixa Aparece em muitos vinhos tintos, sobretudo naqueles feitos de Merlot.
Baunilha Deriva diretamente dos barris de carvalho novo. A madeira contém vanilina, a substância que dá aos favos de baunilha o seu aroma.
Borracha Pode indicar um defeito do vinho causado por excesso de enxofre; também é associado (nesse caso, positivamente) à cepa Syrah.
Caça Aroma carnudo, algo passado, comumente associado a garrafas mais antigas de Pinot Noir, Syrah e outros vinhos tintos maduros.
Cantina Termo que evoca o mosto de uva fresca. Uma característica quase exclusiva da Moscatel, com suas variações e clones.
Cereja Sabor encontrado em uma ampla gama de vinhos tintos, especialmente o Pinot Noir de climas frios.
Cítrico Aromas de limão e, às vezes, de lima e de laranja. São geralmente encontrados em vinhos brancos secos vivazes e refrescantes.
Coco Sabor comumente associado a vinhos tintos e brancos que foram fermentados ou amadurecidos em barris de carvalho americano novo. Se esse sabor aparecer em excesso, trata-se de um problema.
Cogumelo Aroma de um Pinot Noir que evoluiu.
Cremoso Termo usado para descrever a textura suave de um vinho bem encorpado ou um aroma de creme.
Curral Aroma com algo de sujo, terroso, que lembra esterco. No caso de um vinho jovem, pode indicar má vinificação, possivelmente, feita com pouca higiene. Mas, em uma garrafa mais antiga de Borgonha tinto, pode ser uma evolução desejável de caráter.
Damasco Aroma comum em alguns vinhos brancos mais maduros, como Viognier e Chardonnay envelhecidos em carvalho.
Especiarias Aroma encontrado em vinhos fermentados e amadurecidos em barris de carvalho novo. O aroma de especiarias também aparece em certas variedades de uvas tintas, como a Grenache (que freqüentemente tem gosto apimentado).
Fermento Aroma que lembra o pão. É bastante associado ao champanhe e ao processo de fermentação secundária por que passa a bebida.
Floral Muitos vinhos brancos oriundos de climas frios exibem aromas de flores. Algumas delas são relativamente fáceis de identificar, como é o caso da flor do sabugueiro (branca e aromática), da violeta (Bordeaux ou Califórnia maduro) e da rosa (Gewürztraminer).
Frescor Termo semelhante

a vivaz, mas talvez com um toque a mais de laranja. Em geral se aplica aos vinhos brancos, mas também pode descrever tintos vivos e frutados como o Cabernet Franc.

Frutas de verão Aromas de morango, framboesa e cereja estão especialmente associados aos vinhos Pinot Noir jovens.

Frutas silvestres Sempre associado a Cabernet Sauvignon e a outras cepas de uvas tintas, como Merlot, Syrah e Cabernet Franc. Ocasionalmente, uma nota sutil de cassis pode ser detectada na cepa Sauvignon Blanc.

Frutas tropicais Sabores maduros de banana, abacaxi e manga normalmente associados ao Chardonnay do Novo Mundo.

Geléia ou compota Termo ligeiramente depreciativo para um vinho tinto transbordante de sabores fortes de cassis, framboesa e outras frutas, mas sem uma boa estrutura. Normalmente, este termo sugere falta de refinamento (finesse) do vinho.

Groselha Aroma e sabor clássicos da Sauvignon Blanc. Também encontrado em outros vinhos brancos vivazes.

Herbáceo Aroma amplamente encontrado em vinhos brancos frescos e aromáticos de climas mais frios, elaborados a partir de cepas como Sémillon, Sauvignon Blanc e Chenin Blanc.

Hortelã Aroma particularmente associado à Cabernet Sauvignon cultivada em climas mais quentes.

Lichia Este aroma é bastante comum nos vinhos elaborados a partir da cepa Gewürztraminer.

Limão Aroma muito encontrado nos vinhos brancos, particularmente os de climas mais frios.

Maçã Aroma geralmente encontrado em vinhos brancos secos de climas mais frios, como Chablis, Muscadet e Vouvray.

Mel Aroma normalmente encontrado nos estilos mais doces de vinho. O aroma de mel é encontrado também nos vinhos doces nos quais as uvas tenham sido afetadas pela botrítis.

Mineral É difícil "sentir" a nota mineral, mas esse termo é gerlamente utilizado para descrever o caráter duro e terroso de vinhos de clima frio, tais como os elaborados a partir da cepa Sauvignon Blanc.

Pimenta-do-reino Está comumente associada aos vinhos tintos elaborados a partir das cepas Grenach e Syrah.

Querosene Aroma muito comum em garrafas maduras de Riesling.

Rosa Encontrado na Gewürztraminer e nos vinhos feitos de Nebbiolo.

Tabaco Aroma maduro e evoluído, encontrado em garrafas mais antigas de Cabernet Sauvignon, particularmente de Bordeaux tinto.

Terroso Aroma de terra comumente identificado em garrafas mais velhas de Borgonha tinto.

Tostado O termo é mais freqüentemente utilizado para descrever o aroma deixado pelos barris de carvalho, mas essa característica também é uma boa qualidade do champanhe maduro, particularmente do *Blanc des Blancs.* Também pode ser exibido pelos melhores vinhos espumantes feitos pelo método tradicional no Vale do Napa, no estado da Califórnia.

Vegetal Aromas de vegetais em decomposição encontrados em garrafas mais antigas de tintos ou brancos, especialmente Borgonhas (das duas cores). A descrição pode parecer desagradável, mas trata-se de um atributo desejável nesse tipo de vinho.

Defeitos Comuns dos Vinhos

Hoje, o vinho é mais confiável do que nunca. Exceto pelo chamado rolhado, defeitos mais graves são raros. Há, no entanto, certos problemas que você pode encontrar e que justificam a devolução ao estabelecimento que o vendeu.

Rolhado *(bouchoni)* É o defeito mais comum do vinho – afeta entre 2% e 5% de todas as garrafas vendidas. É causado por um fungo encontrado em cortiças naturais que podem contaminar o vinho e não tem nenhuma relação com os pedacinhos de rolha que às vezes flutuam na sua taça. Costuma cheirar a mofo e não ter sabor frutado, mas às vezes deve passar alguns minutos na taça para que o problema seja percebido. Rolhas plásticas e tampas de rosca eliminam o problema.

Oxidado A superexposição ao oxigênio é prejudicial ao vinho e acaba por transformá-lo. Um vinho pode ficar oxidado se não estiver suficientemente bem vedado ou se passar tempo demais na garrafa – tanto aberta como fechada.

Sulfitado Todos os vinhos são engarrafados com uma dose de enxofre, que atua como conservante. Mas o excesso desse componente dá à bebida um cheiro adstringente (de borracha). Em quantidade elevada, pode ser perigoso para pessoas que sofrem de asma.

Vinificação ruim Quando você prova um vinho com excesso de acidez, de taninos ou de carvalho ou sem sabores de fruta, o problema pode ser simplesmente a má vinificação.

Vinho e Comida

Vinho e comida são bons companheiros há séculos. O vinho ganhou seu lugar à mesa graças ao seu teor alcoólico moderado, à sua acidez refrescante e a uma variadíssima gama de sabores. Vale a pena conhecer os casamentos clássicos entre comida e vinho – e os mais resistentes ao tempo!

Orientações Gerais

Não importa se você está escolhendo uma garrafa de vinho para acompanhar um prato mais simples ou diferentes tipos de bebida para acompanhar um jantar com diversos pratos, aqui vão as regras básicas:

- Decida qual será o sabor dominante e escolha um vinho para acompanhá-lo.
- Escolha um vinho que combine com o peso e a intensidade da comida. Pratos de sabor forte pedem os encorpados. Já os de sabor delicado desaparecem quando servidos com vinhos com forte sabor de carvalho ou tânicos. Por isso pedem vinhos mais leves. Os brancos encorpados têm o mesmo poder que os tintos leves, combinando tanto com atum grelhado, por exemplo, quanto com peru assado.
- Pratos doces pedem vinhos igualmente doces. A cozinha tailandesa, por exemplo, pede os meio-secos como o Gewürztraminer.
- A carne vermelha suaviza os taninos de um tinto.
- Quanto mais complicados os sabores de um prato, mais difícil é encontrar um vinho para acompanhá-lo. Alguns vinhos, no entanto, funcionam bem com uma variada gama de sabores *(pág 144)*.
- Se estiver servindo um vinho de alta qualidade, a simples preparação dos pratos com ingredientes de primeira é suficiente para que o vinho se destaque.
- Tente combinar pratos regionais com vinhos da mesma região.

Aperitivos

Um aperitivo deve servir apenas para estimular seu apetite, preparando-o para desfrutar a comida e o vinho que serão servidos; por isso, nunca escolha algo muito forte ou de sabor dominante.

- Os brancos secos, leves e refrescantes funcionam bem. Evite vinhos com notas de carvalho. Pense em Sémillon sem carvalho ou Riesling seco.
- Champanhe e espumantes são ideais, sobretudo em ocasiões especiais. Sua secura e acidez estimulam as papilas gustativas.
- Não sirva o melhor vinho da noite como aperitivo. Uma garrafa de vinho bem-feito permitirá a verdadeira apreciação das sutilezas dos melhores vinhos que serão servidos depois.

Com as Entradas

Ao escolher a entrada, tenha sempre em mente a melhor ordem para servir vinhos: branco antes de tinto, seco antes de doce, leve antes de encorpado, e sempre em ordem crescente de qualidade. Se o cardápio requerer um tinto encorpado para combinar com a entrada, não escolha um prato principal que exija o branco leve como acompanhamento.

Aspargos: Sauvignon Blanc. Se for com molho cremoso, um branco mais encorpado (Semillon).
Foie gras: Sauternes, ainda que servir um vinho doce a essa altura da refeição possa criar problemas depois. Champanhe e Gewürztraminer também funcionam.
Gazpacho: brancos secos relativamente neutros
Patês e terrines: um vinho que combine com o principal ingrediente que compõe o prato.
Salada (com molho cremoso): Chardonnay ou Pinot Blanc.
Salada (com molho vinagrete): um vinho com alto teor de acidez, como Sauvignon Blanc ou Riesling seco.
Salada (sem molho): Sauvignon Blanc, Riesling e Chardonnay sem notas de carvalho são boas opções.
Sopa (canja): Chardonnay ou Pinot Blanc meio-corpo.
Sopa (cremosa, com peixe): Chardonnay mais encorpado ou vinhos do Vale do Napa ou Sonoma. Espumantes e *rosés* leves também podem funcionar.
Sopa (substanciosa, com carne): tintos mais baratos (Merlot ou cortes à base de Cabernet-Merlot).

Com Peixes e Frutos-do-Mar

O sabor dominante dos frutos-do-mar será o do molho. Pratos cremosos pedem brancos encorpados, e os pratos à base de tomates combinam com tintos meio-corpo. Considere o método de preparo (fresco, assado, frito, cozido) e a qualidade dos ingredientes.

Arenque: Muscadet.
Atum (fresco): brancos secos encorpados como o Sémillon ou tintos de leves a meio-corpo como Pinot Noir de Oregon ou Sonoma.
Bacalhau (empanado): brancos vivazes, secos, como o Sauvignon Blanc ou o Chenin Blanc.

Leia mais sobre os estilos de vinhos nas **págs 136-7**

Bacalhau e haddock (frescos): Chardonnay sem notas de madeira.
Bouillabaisse: brancos, tintos e *rosés* baratos.
Caranguejo: Sauvignon Blanc ou Riesling.
Cavala (defumada): brancos untuosos como Pinot Gris ou Riesling.
Cavala e sardinhas (frescas): Sauvignon Blanc, Muscadet ou *rosés* leves.
Lagosta: Chardonnay branco de boa qualidade.
Linguado: um bom Chardonnay californiano.
Mexilhões e ostras: um bom Sauvignon Blanc, Chardonnay sem toques de madeira ou Riesling seco.
Perca (com molho de manteiga): um branco da Borgonha de boa qualidade.
Perca (com molho de tomate): tintos meio-corpo do Sul da França (como os de Côtes du Rhône).
Salmão (churrasco): tintos leves como Pinot Noir ou Beaujolais.
Salmão (cozido): um bom Chardonnay ou Semillon.
Salmão (defumado): Chablis, Sauvignon Blanc ou Riesling seco. Champanhe e outros espumantes também combinam bem.
Salmão (grelhado): Chadonnay sem notas de madeira, Semillon ou Pinot Blanc. Um Riesling seco também serve.
Sopa de peixe (à base de tomate): tintos meio-corpo.
Sopa de peixe (cremosa): Chardonnay básico.
Truta (defumada): um bom Chardonnay.
Truta (fresca): Pinot Blanc, Chablis ou Chardonnay sem notas de madeira.

Com carnes brancas

Em geral, as carnes brancas têm sabor mais neutro. Ao selecionar o vinho, escolha uma receita que permita que destacá-lo.
Carne de porco (assada): desde Chardonnay e Sauvignon Blanc até tintos mais leves como o Merlot básico ou Pinot Noir.
Carne de porco (costelinhas): um Shiraz frutado da Califórnia ou outro dessa cepa.
Coq au vin: Pinot Noir de alta qualidade de Wilamette Valley, Oregon.
Frango (assado): Chardonnay ou tintos leves à base de Pinot Noir ou Merlot.
Frango (churrasco): Chardonnay, Sauvignon Blanc ou tintos leves.
Frango (molho cremoso): Semillon, Riesling ou Chenin Blanc com toques de madeira.
Lingüiça de porco: tintos mais baratos.
Peru (assado): Chardonnay com notas de carvalho ou vinho tinto como um Merlot suave ou um Pinot Noir.
Peru (recheado e com molho de cranberry): um bom Cabernet Sauvignon do Vale do Napa ou um á base de Cabernet e Merlot.
Vitela: brancos secos (Chardonnay sem notas de carvalho). Tintos como o Merlot com frescor aveludado de frutas vermelhas.

Com Carne de Caça, Vermelhas e Churrasco

Carne bovina e de carneiro, em particular, tendem a combinar bem com tintos tânicos. Mas os molhos que acompanham os pratos também influenciam o resultado final.
Carne bovina (hambúrgueres, steak au poivre ou em folhados): um Zinfandel encorpado da Califórnia.
Carne bovina (rosbife ou filé): tintos encorpados de Shiraz ou Cabernet ou ainda um com corte de ambas.
Carne bovina (com molho à base de vinho): um bom Pinot Noir de Oregon.
Carne de caça: um bom Cabernet Sauvignon.
Carneiro (caçarolas ou cozidos): tintos picantes à base de Shiraz ou um corte elaborado com essa cepa.
Carneiro (costeletas): um bom Cabernet Sauvignon ou Cabernet-Merlot.
Churrascos: tintos encorpados (Shiraz ou Zinfandel).
Pato: um bom Pinot Noir de Oregon ou Sonoma.
Pato (com molho de laranja ou de maçã): Riesling de Finger Lakes.

Com Pratos Vegetrianos

Alguns vinhos podem ser inadequados para vegetarianos e naturalistas, já que contêm ingredientes de origem animal. Consulte o rótulo ou peça ajuda ao vendedor antes de comprar. Pode ser difícil combinar esses pratos com um Chardonnay de primeira ou com tintos robustos (risoto de cogumelos ou de abóbora dá conta do desafio).
Caçarolas à base de lentilhas ou vegetais: tintos básicos da Califórnia.
Chili vegetariano: tintos vigorosos como um Merlot frutado.
Hambúrgueres vegetarianos e nozes tostadas: Shiraz encorpados.
Lasanha (com tofu): brancos encorpados como Chardonnay ou Pinot Gris.
Massa (com molho cremoso): Chardonnay sem notas de carvalho, Pinot Blanc ou Sémillon.
Massa (com molho de tomates): tintos leves como Pinot Noit.
Quiches e omeletes: Chardonnay sem notas de carvalho, Pinot Blanc ou tintos leves.
Risoto de abóbora: um bom Chardonnay.
Risoto de cogumelos: um bom Cabernet Sauvignon.
Tofu: o vinho tem de combinar com os ingredientes com os quais eles são cozidos, porque tendem a incorporar o mesmo sabor.
Tortas, bolos e pastelões: vinhos com acidez marcante como Shiraz.

Vegetarianos e naturalistas devem saber que gelatina, gelatina de peixe e claras de ovos são ingredientes utilizados para clarificar os vinhos

Com Pratos Étnicos

Chineses: Gewürztraminer, Pinot Gris, Riesling ou Sauvignon Blanc.
Indianos: pratos mais suaves combinam com um Chardonnay barato. Com pratos mais picantes, um Merlot suave e frutado.
Japoneses: um "vinho de arroz", o saquê, é a escolha tradicional com sushi e tintos frutados (Merlot ou Cabernet Franc), para pratos com molho teriyaki.
Tailandeses (com curry): um Sauvignon Blanc.

Com Sobremesas

Procure sempre escolher um vinho mais doce que a sobremesa que você vai servir. Pode-se também escolher um vinho com teor alcoólico ligeiramente mais elevado do que o que encerrou a refeição. As sobremesas de sabor intenso combinam muito bem com a potência dos fortificados.
Bolo de chocolate: a escolha do vinho depende da qualidade e da riqueza do chocolate. As notas de laranja em certos moscatéis funcionam bem às vezes.
Bolos e tortas de fruta: escolha um vinho baseado no sabor dominante – geralmente, o da própria fruta.
Crème brûlée: vinho de sobremesa botritizado, ou um vinho doce comum.
Frutas: existe boa variedade, como os estilos mais doces de Riesling, Sémillon ou Chenin Blanc.
Sorvete: vinho de sobremesa cheio e untuoso.

Com Queijos

Queijos e vinhos combinam muito bem, mas acertar tal combinação não é tão fácil como se pensa. Com texturas e sabores tão distintos, é possível servir com sucesso desde um vinho branco doce até um tinto fortificado.
Brie: combina com vinhos tintos leves e frutados.
Camembert: tintos leves e frutados ou brancos como Chardonnay.
Cheddar maturado: um bom Cabernet Sauvignon do Vale do Napa ou porto.
Gruyère e emmenthal: vinhos como o Shiraz, Cabernet-Shiraz ou Merlot. Mas o Riesling pode funcionar também.
Mussarela: Chardonnay sem notas de madeira.
Queijos azuis: em geral, pedem a doçura de um branco. Roquefort com Sauternes é um clássico.
Queijo de cabra: Sauvignon Blanc ou um similar branco ácido e seco.
Queijos duros ingleses tradicionais: brancos secos de clima frio (Sauvignon Blanc ou Chenin Blanc).
Queijo de ovelha: estilos mais doces de vinho branco, como Riesling e Moscatel, e também vinhos tintos com especiarias.

Ocasiões Sociais

Com comida: continuam valendo as regras gerais para servir vinho e comida. É prudente selecionar vinhos fáceis de combinar com os pratos *(à direita)*, porque assim os convidados podem desfrutar um vinho com todos os canapés e com os diferentes pratos servidos.
Sem comida: em geral, os vinhos desfrutados assim devem ser leves e despretensiosos. Em festas e eventos sociais onde não se oferece comida, fique longe de vinhos muito encorpados e evite também os muito ácidos e tânicos. Leve em conta também a época do ano e o clima.
No verão: escolha vinhos brancos vivazes (os de acidez pronunciada, mas agradável) e refrescantes como o Riesling, o Chenin Blanc e outros de clima frio com teor alcoólico relativamente baixo. Você também pode escolher tintos leves e frutados adequadamente resfriados. Merlot básico e Pinot Noir são boas escolhas no verão.
No inverno: um vinho meio-corpo, seja branco ou tinto, com ênfase nos sabores frutados, vivazes, evitando as nota de carvalho. As boas apostas são Sémillon, Chardonnay sem notas de madeira e Pinot Blanc, assim como os Cabernet-Shiraz ou Cabernet-Merlot, que também são muito agradáveis nesta época do ano.
Em festas: champanhe e vinhos espumantes são as escolhas clássicas. Como o champanhe tende a ser mais caro, costuma ser opção apenas para os bolsos mais abastados. Mas outros vinhos californianos espumantes podem funcionar muito bem – e, normalmente, são as melhores escolhas para servir em coquetéis.
Em restaurantes: muitos restaurantes de primeira linha têm um *sommelier* à disposição dos clientes para ajudá-los a harmonizar o vinho e os pratos do cardápio. Se não houver *sommelier*, existem alguns tipos de vinho que vão bem com a maioria dos pratos. Se forem pedidos vários pratos, as meias garrafas ajudam todo mundo a harmonizar corretamente suas escolhas.

- Escolha vinhos meio-corpo, evitando os extremos. No caso dos vinhos brancos, Chardonnay sem notas de madeira, Sauvignon Blanc, Pinot Gris e Sémillon são os mais versáteis. Entre os tintos, Pinot Noir, um Merlot acessível e um corte de Cabernet-Merlot frutado são excelentes opções.
- Se o restaurante é especializado em pratos de determinado estilo ou país, o ideal é tentar combinar os pratos com os vinhos da mesma nacionalidade.

Compra de Vinhos

Nunca houve tantas opções para comprar vinhos no Brasil: nos supermercados, pelo preço e a conveniência; em lojas especializadas, pela oferta mais seletiva e o aconselhamento de especialistas; nas importadoras, pela grande diversidade de oferta e facilidade de entrega; e até mesmo pela internet, nos sites das importadoras.

Supermercados

Os supermercados são uma fonte farta de vinhos, embora perigosa: há muita coisa da má qualidade, ou com problemas de conservação, misturadas a boas ofertas, sobretudo vinhos de bons preços. Mas estes costumam ser pouco conhecidos, e nem sempre as marcas mais famosas estão disponíveis nas gôndolas. Por isso é conveniente ir às compras munido do guia que esclareça quais os melhores produtores e safras. Das redes de supermercados no Brasil, a maior variedade de oferta pode ser encontrada no Carrefour e no Pão de Açúcar. Há também supermercados gourmets, com linhas mais selecionadas, como Santa Luzia e Empório Santa Maria (São Paulo) e Zona Sul (RJ).

Lojas de vinhos

Não há grande variedade de lojas especializadas em vinho no Brasil, mas as que existem costumam oferecer garrafas de todas as principais regiões produtoras do mundo. A maior rede especializada é a da Expand, importadora que mantém, através de franquias, as lojas Expand Store *(www.expandgroup.com.br)*, presentes em várias cidades brasileiras e onde os vinhos ficam bem acondicionados e há vendedores informados para auxiliar na compra. Há também lojas independentes, como Le Tire-Bouchon *(www.letirebouchon.com.br)* em São Paulo e A Garrafeira (0xx21 2512-3336), no Rio de Janeiro, e também lojas e delicatessens de produtos gourmets que dedicam boa parte de seu espaço a vinhos de diferentes origens, como a Bacco's *(www.baccos.com.br)*, em São Paulo.

Direto da importadora

Desde que houve uma liberalização maior na importação de vinhos no Brasil, nos últimos 15 anos, desenvolveram-se no país empresas de importação que deixaram de focar somente nas marcas de grande volume, para venda de supermercado, e dedicaram-se a vinhos de qualidade. As principais delas trazem hoje ao Brasil virtualmente todas as melhores regiões vinícolas do planeta, representadas por milhares de rótulos, numa variedade que poucos países apresentam. Estas importadoras trazem enorme comodidade ao cliente – seus vinhos podem ser escolhidos na sede da empresa mas também, como é mais comum, podem ser pedidos por telefone ou internet e enviados diretamente para o comprador. Entre as mais importantes do setor estão a Expand *(www.expandgroup.com.br)* e a Mistral *(www.mistral.com.br)* – ambas com milhares de rótulos e centenas de produtores do primeiro time mundial. Também de grande porte e com boas marcas de vários países representadas estão a World Wine *(www.worldwine.com.br)*, a Decanter *(www.decanter.com.br)* e a Terroir *(www.terroirvinhos.com.br)*.

Pela Internet

Atualmente há um grande número de importadoras que vendem seus produtos – vinhos inclusive – pela internet. A vantagem é a praticidade da compra, e a boa oferta de vinhos, tanto em qualidade quanto em variedade de rótulos. É uma opção interessante quando o comprador já conhece o vinho que vai encomendar, e não depende de obter informações mais detalhadas com o vendedor. Vários supermercados também utilizam a rede para suas vendas. Além disso há sites que se concentram na venda de vinhos online, como o da Wine Store *(www.winestore.com.br)* e outros que incluem os vinhos em seu portfolio de bebidas em geral, como a Imigrantes Bebidas *(www. imigrantesbebidas.com.br)*.

Outras Boas Importadoras de Vinhos no Brasil

Adega Alentejana
www.adegaalentejana.com.br

Casa do Porto
www.casadoporto.com

Casa Flora
www.casaflora.com.br

Cellar
www.cellar-af.com.br

Enoteca Fasano
www.enotecafasano.com.br

Grand Cru
www.grandcru.com.br

Wine House
www.winehouse.com.br

Armazenamento de Vinhos

Ao longo dos anos, foram sendo associados aos vinhos vários procedimentos, como guarda, aeração e decantação. Embora não seja essencial compreender os princípios científicos envolvidos nessas práticas, segui-las realça os prazeres envolvidos na compra e na degustação.

Guarda do Vinho

A maioria dos vinhos deve ser consumida ainda jovem. Quase todas as garrafas de preço médio podem ser guardadas por cerca de um ano, mas tendem a se deteriorar se armazenadas por mais tempo. Muitos vinhos finos, porém, merecem ser armazenados em adegas, porque evoluem com o passar do tempo. Em caso de dúvida, é melhor beber um vinho jovem demais que beber um passado.

Guarde as garrafas deitadas, porque o contato entre o líquido e a rolha evita seu ressecamento. Vinhos espumantes e roscados podem ser guardados em pé, pois não são afetados por esse problema. Se você quiser guardar em uma adega, mas não tem condições ideais para isso, compre uma adega ou gabinete refrigerado capaz de manter suas garrafas em perfeitas condições ou alugue os serviços de profissionais dedicados a esse tipo de armazenagem. Informe-se com o seu fornecedor habitual de vinho.

Adegas

Desde que reúna as condições necessárias para o amadurecimento dos vinhos, uma adega pode ser um humilde depósito no vão de uma escada ou um vasto labirinto subterrâneo. Se for montar uma adega, atente para os itens abaixo.

- É recomendável manter a temperatura constante, entre 10°C e 15°C. Uma temperatura ligeiramente mais alta não chega a ser fator de preocupação: o vinho vai amadurecer mais depressa, mas sem grande prejuízo. A oscilação da temperatura é muito mais prejudicial à qualidade dos vinhos.
- A luz não faz bem ao vinho, por isso as garrafas são feitas de vidro colorido. Guarde-as em caixas fechadas ou em quartos escuros.
- A falta de umidade pode provocar o ressecamento e a expansão das rolhas. O ar pode penetrar na garrafa, oxidar o vinho e transformá-lo em vinagre. As adegas ligeiramente úmidas não prejudicam o vinho.
- Excesso de movimento ou vibração podem estragar o vinho; por isso, evite armazená-los perto de geladeiras ou máquinas de lavar. Evite, também, o manuseio e o transporte desnecessário das garrafas.

Efeitos do Envelhecimento

Quando o vinho começa a envelhecer na garrafa, uma série de reações químicas transforma sabores frutados relativamente simples em sabores mais evoluídos e complexos. Nos tintos, a cor fica mais clara, os taninos ficam mais suaves, e o vinho pode ganhar aromas de cedro, couro ou cogumelos. Os brancos, por sua vez, ganham tons mais fortes, tornam-se menos doces e mais intensos.

Os aromas típicos de um vinho branco evoluído incluem frutas secas, cera e até querosene. Os efeitos da fermentação em barris de carvalho – notas de baunilha, coco e especiarias – ficam mais suaves à medida que o vinho amadurece.

Temperaturas Ideais

A temperatura é extremamente importante para a degustação: os brancos são servidos muito gelados, e os tintos, muito quentes.

- Espumantes: sirva bem frios, por volta de 8°C.
- Brancos leves, aromáticos: por volta de 10°C, ou depois de algumas horas na geladeira. O resfriamento enfatiza a acidez agradável e o sabor fresco sem fechar os aromas.
- Brancos da Borgonha e outros Chardonnay: sirva por volta de 12°C.
- Tintos leves ou meio-encorpados: resfrie ligeiramente, até 12°C ou 13°C, especialmente no verão.
- Tintos encorpados: as baixas temperaturas enfatizam os taninos. O melhor é servi-los por volta dos 15°C.

Ordem Ideal de Servir

Os vinhos devem ser servidos em ordem específica.

- Os brancos são servidos antes dos tintos – mas um tinto leve pode vir antes de um branco encorpado.
- Os secos são servidos antes dos doces, para que não ocorra a sensação de ser demasiado ácido.
- Os tintos leves são servidos antes dos encorpados. Os mais leves tendem a parecer magros – diluídos ou pobres em aroma e sabor – quando precedidos de um tipo mais potente.
- Vinhos de qualidade inferior devem ser servidos antes dos mais finos. E os mais jovens, devem ser servidos antes dos mais velhos? Sobre isso, não há consenso: dependerá muito dos vinhos em questão.

Decantação

Certos vinhos de alta qualidade, em sua maioria tintos (como um Bordeaux 2000 aberto antes de atingir seu auge), podem se beneficiar muito da exposição ao oxigênio (ou "aeração") antes de serem bebidos. Simplesmente tirar a rolha da garrafa e deixá-la aberta não vai fazer muita diferença. Eis uma tarefa para um decantador. Não importa muito o formato da peça, desde que seja aberta e feita de vidro.

O uso do decantador também pode melhorar o vinho ao separar os sedimentos que se depositam no fundo da garrafa, especialmente se a bebida não é filtrada. Entre os vinhos com tendência a criar sedimentos estão o Porto Vintage e safras mais antigas de tintos encorpados.

Para decantar um vinho, deixe a garrafa em posição vertical por no mínimo 24 horas, para permitir que o sedimento vá para o fundo. A seguir, retire a rolha e, usando uma fonte de luz (como uma vela ou lâmpada) no gargalo da garrafa, para poder enxergar bem o seu conteúdo, derrame lentamente o vinho no decantador. Pare quando o sedimento alcançar o gargalo da garrafa. Não deixe o vinho por muito tempo no decantador, porque a exposição prolongada ao oxigênio vai estragá-lo.

Como Abrir Espumantes

Para abrir uma garrafa de espumante ou champanhe:

- Segure a garrafa num ângulo de 55 graus, aproximadamente.
- Jamais aponte a garrafa para qualquer pessoa ou para objetos que possam se quebrar.
- Cuidadosamente remova a coifa laminada e a gaiola de arame.
- Segure a garrafa com uma mão e a rolha com a outra. Gire suavemente a garrafa para que a rolha salte fazendo o agradável ruído característico.

Copos e Taças

Usar o tipo correto de copo pode influenciar a degustação. Não se preocupe em comprar taças muito específicas, pois uma boa taça do tipo padrão ou coringa normalmente é suficiente. Ela deve ter uma haste, para que você não precise segurá-la pelo bojo; o bojo deve ser capaz de acomodar uma dose decente de vinho e, ainda assim, permitir que você gire a bebida na taça. Deve também ser mais estreito na borda do que na base, para que os aromas sejam dirigidos para o nariz. Por fim, o material transparente – incolor, sem lapidação ou estampa – permite apreciar plenamente a cor do vinho. Entre os estilos de vinho, os únicos que exigem copos específicos são o champanhe e os espumantes. As taças longas, retilíneas e estreitas são desenhadas especificamente para exibir e reter as borbulhas características.

Quanto por Pessoa?

O cálculo da quantidade a ser servida depende da ocasião e, naturalmente, da capacidade de consumo de seus convidados. Em jantares, calcule entre meia e uma garrafa por pessoa. Ao encomendar quantidades maiores de vinho para um evento, verifique se o fornecedor trabalha com a possibilidade de devolução de garrafas que não foram abertas (prática comum em alguns países), pois é sempre melhor errar para mais do que para menos.

Sobras de Vinho

As sobras devem ser guardadas em garrafas menores, se possível fechada com a rolha original, e mantidas na geladeira. Precisam ser consumidas em até 48 horas, porque se estragam rapidamente.

Tintos e Brancos para Guardar

O tempo de guarda de cada vinho depende da qualidade do produtor, da região do vinhedo e da safra. Abaixo, veja algumas orientações gerais sobre armazenamento. Tenha em mente que só os vinhos mais finos conseguem envelhecer por longos períodos.

Brancos

Vinhos à base de Chardonnay: de 2 a 5 anos para vinhos norte-americanos de primeira linha.

Vinhos à base de Riesling: para os vinhos mais baratos, 2 anos; para os melhores alemães, de 5 a 20 anos; para os melhores norte-americanos, até 5 anos; os estilos doces resistem mais do que os secos.

Vinhos à base de Semillon: de 1 a 2 anos para os melhores rótulos norte-americanos.

Vinhos doces: de 5 a 20 anos para os melhores Sauternes e alemães e até 10 anos para os vinhos norte-americanos e canadenses.

Tintos

Vinhos à base de Cabernet Sauvignon: de 3 a 10 anos.

Vinhos à base de Merlot: de 3 a 15 anos para os de qualidade Bordeaux; menos tempo para os demais.

Vinhos à base de Pinot Noir: de 2 a 5 anos para os melhores rótulos da Califórnia e de Oregon.

Vinhos à base de Syrah: de 5 a 15 anos para os melhores vinhos.

Glossário

Como qualquer outro campo especializado, o vinho tem um vocabulário próprio. Este glossário inclui termos comuns originários da França e de outros países da Europa, assim como termos específicos da viticultura nos Estados Unidos e no Canadá.

ABC

Abboccato (italiano) Vinho levemente doce.

Amadeirado Vinho de estilo deliberadamente cremoso, com gosto de carvalho adquirido por envelhecimento em barris ou mesmo por meio de lascas ou tábuas de carvalho mergulhadas em tonéis *(ver também* **Sem carvalho***)*.

Ácido/Acidez Todos os vinhos contêm vários ácidos, como o tartárico, o málico e o cítrico. A acidez é um elemento essencial ao vinho, ajudando a manter seu frescor e seu equilíbrio. O excesso o torna desagradavelmente agressivo e a acidez insuficiente produz uma bebida chata.

Acidificação Adição de ácidos químicos ao mosto durante o processo de vinificação para compensar a falta de acidez natural na uva.

Açúcar residual Açúcar que permanece no vinho depois da fermentação. Altos níveis de açúcar residual conferem doçura ao vinho.

Amabile (italiano) Meio-doce.

Amarone (italiano) Tinto DOC elaborado em Valpolicella (nordeste da Itália) a partir de uvas-passas *(ver também* ***passito****)*.

Amadurecido em barril Indica que o processo de amadurimento ocorreu em barril de carvalho, suavizando o sabor e, às vezes, acrescentando sabores de carvalho ao vinho.

Appellation (francês) Uma área legalmente demarcada de plantação de uvas e produção de vinho, às vezes usada como abreviação de AOC ou AC. Em português, traduz-se por denominação.

***Appellation d'Origine Contrôlée* ou AOC** (francês) Expressão também conhecida como *Appellation Contrôlée (AC)*. É a mais alta classificação para os vinhos produzidos na França. Garante que uma garrafa foi produzida em uma região determinada de acordo com as especificações locais. Nem todos os vinhos de uma AOC são de alta qualidade, mas costumam ser melhores (mas não em custo-benefício) do que os de classificações inferiores, como é o caso do *vin de pays* e do *vin de table*.

Anno/annata (italiano) Ano ou safra.

Área Vitícola Americana (AVA) Área produtora de vinhos nos EUA. Uma AVA é uma simples indicação da origem geográfica de um vinho, e não garante a qualidade.

Azienda (italiano) Propriedade.

Azienda agricola (italiano) Propriedade que cultiva e produz seus próprios vinhos.

Barril Barris ou tonéis podem ser usados em vários estágios da vinificação. Os vinhos brancos de melhor qualidade podem ser fermentados em barris para desenvolver sabores sutis e complexos de madeira. A maturação em barris ajuda a suavizar o vinho e, se o carvalho é novo, produz notas aromáticas, entre elas as de cedro e de baunilha. A expressão *barrel select* pode implicar qualidade, mas não é uma definição legal *(ver também* **Carvalho americano** *e* **Carvalho francês***)*.

Barrique (francês) Pequeno barril ou tonel com capacidade para 225 litros de vinho. A expressão indica qualquer pequeno barril de carvalho.

Biodinâmica Forma radical de produção vitícola orgânica que enfatiza a saúde do solo. Alguns de seus métodos podem soar bizarros, mas diversos vinhos de primeira linha são hoje produzidos de acordo com esse método.

Blanc des blancs (francês) Vinho branco feito exclusivamente de uvas brancas. O termo é empregado para designar bebidas como champanhes e outros espumantes.

Blush (inglês) Termo utilizado pelos americanos para designar o vinho de tom rosa pálido.

Bodega (espanhol) Vinícola ou adega.

Bordeaux Vinho produzido na região de Bordeaux, na França, utilizando as variedades e/ou as técnicas comuns à região. Famoso tinto encorpado feito com uma combinação de Merlot, Cabernet Sauvignon, Cabernet Franc, Malbec e Petit Verdot que é maturada em barris de carvalho. Pode envelhecer por décadas.

Borgonha Vinho produzido na região francesa da Borgonha, utilizando as variedades e/ou as técnicas comuns à região. A Borgonha é famosa por seus vinhos brancos secos feitos de uva Chardonnay e pelos tintos meio-encorpados elaborados com a Pinot Noir.

Borras Chamadas na França de *lie*, as borras são os restos de levedura, sementes de uvas e outros sedimentos que se depositam no vinho após a fermentação. O contato prolongado com as borras tem papel importante na produção de vinhos como o Muscadet e o champanhe. A movimentação das borras (em francês, *bâtonnage*) nas barricas ajuda a acentuar essse processo de fermentação.

Botrítis Doença vitícola, também conhecida como podridão nobre (*pourriture noble*), necessária para a produção de alguns dos melhores vinhos doces do mundo. Nas condições corretas, o fungo (*Botrytis cinerea*) ataca as uvas enrugando-as, com alta concentração de açúcar, que podem ser transformadas por fermentação em um vinho naturalmente doce e intenso.

Para termos comumente usados na degustação de vinhos **Págs 138-41**

***Bouchoné* (gosto de rolha)** Vinho afetado por um sabor de mofo ou bolor proveniente de uma rolha natural defeituosa. O vinho pode perder seus sabores frutados e ficar levemente amargo. Estima-se que o problema afete 6% dos vinhos que utilizam rolhas naturais. Isso fez com que muitos produtores e comerciantes substituíssem as rolhas de cortiça por rolhas sintéticas ou tampas de rosca.
Bourgogne (francês) Borgonha, na França.
Brut (francês) Seco. Normalmente aplicado ao champanhe e a vinhos espumantes.
Cantina (italiano) Adega.
Cantina sociale (italiano) Cooperativa.
Carvalho Madeira preferida pelos vinicultores para fermentar e maturar seus vinhos. Muitos vinhos baratos têm o gosto de carvalho incorporado por meio de lascas ou tábuas de carvalho mergulhadas em seus tanques de fermentação.
Carvalho americano Madeira originária das florestas do leste dos EUA utilizada para fazer barris de carvalho. Populares nas Américas, Espanha e Austrália, os barris de carvalho americano transmitem um sabor mais forte de baunilha do que seu similar europeu.
Carvalho francês Tipo de madeira originária de florestas da França, como Allier e Vosges. É a variedade que produz os mais finos barris para fermentação e maturação de vinho.
Chaptalização Prática de aumentar os teores alcoólicos por meio da adição de açúcar durante a vinificação. Comum em regiões vinícolas mais frias, onde o clima pode impedir que as uvas produzam açúcar natural suficiente.
Château (francês) Termo aplicado a propriedades que produzem uvas ou vinhos na França. Amplamente empregado na região de Bordeaux.
Clairet (francês) ou ***chiaretto*** (italiano) Estilo de vinho de tom rosa escuro, entre o tinto e o *rosé*.
Claret (inglês) Termo específico para designar um vinho tinto de Bordeaux.
Clarificação Processo usado para remover partículas suspensas do vinho. Quando um agente clarificador – clara de ovo ou bentonita, por exemplo – é acrescentado, gruda-se às partículas e as obriga a descer ao fundo da garrafa.
Classico (italiano) Área original de produção dentro da região DOC(G) (geralmente para as melhores vinícolas).
Clone Grupo de videiras que descendem de uma única videira-mãe por meio de mudas ou enxertos.
Colheita tardia *ver* ***Vendange tardive***
Cooperativa Organização coletiva pertencente a seus associados. É formada por um determinado número de produtores que se juntam para produzir vinho e comercializá-lo. A qualidade pode variar de boa a muito ruim.
Copa *(fronde)* Todas as partes visíveis da vinha, incluindo tronco, folhas, galhos, caules e os próprios frutos.
Corte Combinação de vinhos de distintas variedades de uvas, estilos, origens ou safras cujo objetivo é melhorar o equilíbrio do vinho ou manter um estilo constante.
Côte(s)/coteaux (francês) Colina ou encosta.
Crémant (francês) Indica um vinho espumante produzido fora da região de Champagne, mas utilizando os mesmos métodos de fabricação.
Cru (francês) Vindima ou vinhedo; *cru classé* significa, portanto, vinhedo classificado. *Cru bourgeois* é uma classificação para propriedades da denominação do Médoc, em Bordeaux *(ver também* ***Premier cru*** *e* ***Grand cru****)*.
Cultivo a seco Videiras cultivadas sem irrigação, que contam exclusivamente com a água natural da chuva.
Cuvée de prestige (francês) Termo normalmente associado a champanhes, refere-se a um vinho luxuoso, de primeira linha, produzido pelos melhores vinhedos da região e maturado por muitos anos antes de ser lançado no mercado, como os champanhes Don Pérignon, da Möet & Chandon, e La Grande Dame, da Veuve Clicquot Ponsardin.

Termos Climáticos Essenciais

Clima continental Caracterizado por variações extremas de temperatura ao longo do ano. Geralmente encontrado em regiões bem distantes da influência de lagos ou de oceanos. Invernos frios e verões quentes são a regra.
Clima limite O que apresenta condições quase impossíveis para a prática da viticultura. Normalmente se aplica mais a territórios muito frios do que aos muito quentes. A qualidade das safras nas regiões com este tipo de clima é muito variável.
Clima marítimo Influenciado por uma grande massa de água, geralmente um lago ou mar. As temperaturas tendem a permanecer relativamente estáveis ao longo do ano, com invernos moderados e verões quentes.
Clima moderado Caracterizado por variações mínimas de temperatura ao longo do ano. Mais facilmente encontrado nas proximidades de grandes massas de água.
Grau-dia Unidade criada para medir a adequação dos climas à viticultura.
Macroclima O clima geral de uma região.
Mesoclima O clima de um pequeno distrito ou mesmo de um vinhedo individual.
Microclima Clima específico de uma área muito pequena.

DEF

Decantação Processo de transferir o vinho de sua garrafa original para outro recipiente ou decantor. A técnica é utilizada em vinhos antigos ou não filtrados para separar o líquido dos sedimentos depositados na garrafa. Também pode ser usada para vinhos mais jovens, para expô-los ao oxigênio ou deixá-los "aerar".

Degola Processo que remove sedimentos de uma garrafa de champanhe depois da segunda fermentação.

Denominação *ver* ***Appellation***

Denominazione di Origine Controllata ou ***DOC*** (italiano) Classificação para vinhos, logo abaixo da *Denominazione di Origine Controllata e Garantita* ou *DOCG*. Equivale às AOCs francesas.

Denominazione di Origine Controllata e Garantita ou ***DOCG*** (italiano) Mais alta classificação dos vinhos italianos.

Densidade da vinha O número de vinhas plantadas em uma área específica do vinhedo. Plantações de alta densidade (cerca de 8 mil vinhas por ha) são comuns em muitos vinhedos da Europa, já que a competição entre as plantas ajuda a reduzir o volume das safras e a produzir uvas de melhor qualidade.

Doença de Pierce Doença bacteriana incurável e potencialmente devastadora. É espalhada por insetos conhecidos como "franco-atiradores" e ataca as folhas das videiras. Mais comum no sul dos EUA e na América do Sul.

Doenças fúngicas Termo coletivo que designa uma série de doenças (o oídio, o míldio e a podridão negra). Os fungos atacam as uvas ou a folhagem e, sem medidas preventivas, podem causar danos consideráveis. A doença benéfica causada pelo botrítis também é incluída nesta categoria.

Domaine (francês) Propriedade rural.

Doux (francês) ou ***dolce*** (italiano) Doce.

Edição limitada Termo que os profissionais de marketing agregam aos rótulos dos vinhos. Embora não seja uma garantia, pode indicar qualidade adicional.

Eiswein (alemão) Vinho doce feito na Alemanha em pequenas quantidades, de uvas que congelaram naturalmente nas vinhas. Os cachos são espremidos imediatamente, eliminando a umidade em forma de gelo e produzindo um líquido delicioso, de sabor intenso.

En primeur (francês) Vinho vendido por um produtor antes de ser engarrafado. Em geral, os clientes pagam pelo vinho seis meses depois da colheita e esperam mais 18 meses para recebê-lo. É a melhor maneira de garantir uma quantidade limitada de vinho, mas não preços mais baixos. O termo equivalente em inglês é *futures*.

Engarrafado na propriedade Atualmente, a maior parte dos produtores engarrafa seus vinhos no próprio château ou domaine. É um bom indicador de qualidade, embora isso não seja totalmente confiável. Nos Estados Unidos, o vinho engarrafado nas propriedades também precisa ser proveniente de seus próprios vinhedos ou de vinhedos arrendados a longo prazo. O termo equivalente na França é *mise em boteille à la propriété/au domaine/au château*. E, na Itália, *imbottigliato all'origine*.

Enologia Estudo do vinho. Termo é associado à vinicultura.

Enoteca (italiano) Loja ou bar de vinhos.

Enologia Estudo do vinho. Termo associado a vinicultores.

Envelhecimento A maioria dos vinhos é produzida para consumo imediato após seu lançamento. Mas uma parte deles melhora muito com o tempo, caso a garrafa seja mantida em local fresco e escuro. Os vinhos tintos encorpados, os brancos doces e os vinhos fortificados podem se beneficiar imensamente do processo de envelhecimento.

Estabilização Processo de vinificação que garante que um vinho não sofrerá mais fermentação ou reação depois de engarrafado. Entre eles estão a colagem e a filtragem.

Estrutura Termo de degustação aplicado principalmente aos tintos para descrever o peso das frutas e dos taninos na boca. Encorpados como os Bordeaux de alta qualidade devem ter "boa estrutura".

Fermentação Processo que transforma o mosto das uvas amassadas, prensadas ou ao natural em vinho. Os açúcares naturais das frutas se convertem em álcool e em gás carbônico com o uso de fermentos. Geralmente ocorre em tanques de aço inoxidável ou de concreto, em grandes tanques de madeira ou em barris de carvalho. Há vários tipos de fermentação. Os principais estão indicados na seqüência.

Fermentação a frio Fermentação lenta, a baixas temperaturas, que acentua o frescor e o sabor frutado das uvas.

Fermentado em barril A expressão indica que o vinho foi fermentado em barril de carvalho. Normalmente aplicado a vinhos brancos, o processo ajuda a incorporar à bebida sabores de carvalho.

Fermentação em garrafa Técnica que dá ao champanhe suas borbulhas. Depois de uma primeira fermentação normal, o vinho, dito "tranqüilo", é engarrafado com açúcar e fermentos. Começa uma segunda fermentação, produzindo dióxido de carbono na garrafa e criando um vinho espumante. A expressão é geralmente empregada por produtores de espumantes fora da região de Champagne.

Fermentação maloláctica Processo que converte o agressivo ácido málico (encontrado em maçãs, por exemplo) em ácido láctico mais suave (como o encontrado no leite). Ocorre logo após a primeira (convencional) fermentação. A maioria dos vinhos tintos passa por fermentação maloláctica; no caso dos vinhos brancos, a decisão depende muito do estilo de vinho que o produtor pretende obter.

Fermentazione naturale (italiano) Termo aplicado a espumantes cuja fermentação foi em tanque ou garrafa.

Filoxera Doença que devastou os vinhedos da Europa no fim do século 19. É um pequeno inseto (ou pulgão) que se alimenta das raízes das videiras e acaba por matar a planta. Ainda hoje não existe uma cura para a praga – para controlá-la, quase todos os vinhedos europeus são enxertados em raízes de espécies americanas resistentes à filoxera.

Filtragem Uma técnica que remove as pequenas partículas sólidas de um vinho antes do engarrafamento, deixando-o límpido e claro. Alguns produtores acreditam que a filtragem pode eliminar sabores do vinho e evitam a técnica – freqüentemente incluindo nos rótulos de seus produtos a expressão *non-filtré*. Vinhos que não são filtrados geralmente requerem decantação.

Fortificado Vinho enriquecido com a adição de aguardente em geral, produzido a partir de uva (porto, xerez ou madeira).

Frizzante (italiano) Semi-espumante.

Frizzantino (italiano) Levemente espumante.

Frutificação Momento em que as flores fertilizadas da videira se transformam em grãos de uva, embora nem todas as flores consigam realizar essa transformação.

Futures (inglês) Termo equivalente à expressão *en primeur*.

GHIJ

Garrafeira Originalmente, estante para garrafas de vinho. Termo comum em rótulos para designar diferentes marcas de vinho.

Gerenciamento da copa *(fronde)* Prática de manipular a vinha e sua copa para garantir que as folhas sejam corretamente expostas ao sol. Visa a garantir boa circulação de ar entre as vinhas, ajudando a prevenir doenças provenientes de fungos. Inclui a poda e a condução das vinhas.

Grand cru (francês) Literalmente, "grande vinhedo". Na Borgonha, o termo *grand cru* é aplicado aos melhores vinhedos da região. Na área de St-Émilion, em Bordeaux, os melhores châteaux são classificados como *grand cru classé* e os de primeiríssima linha merecem a classificação *premier grand cru classé (ver também **Premier cru**)*.

Grand vin (francês) Expressão dos rótulos das AOCs francesas, significa literalmente "grande vinho". Costuma ser usada para indicar que o vinho em questão é o melhor de uma determinada propriedade.

Híbrida Planta criada a partir de videiras de espécies distintas, como a cepa Baco Noir, obtida pelo cruzamento da Folle Blanche, da espécie *Vitis vinifera*, com uma variedade de *Vitis riparia*, espécie nativa dos EUA. Na Europa, os vinhos de qualidade devem ser feitos exclusivamente de uvas da espécie *Vitis vinifera*.

Icewine Nome dado ao *Eiswein* quando produzido fora da Alemanha (no Canadá).

***Indicazione Geografica Tipica* ou IGT** (italiano) Classificação relativamente recente de vinhos italianos, semelhante ao *vin de pays* na França.

Jéroboam Garrafa grande, em geral usada para champanhe, com capacidade para 3 litros – ou quatro garrafas convencionais de 750ml.

LMNO

Levedura Fungo unicelular que transforma açúcar em álcool durante a fermentação. Em muitas regiões, ocorrem naturalmente na casca das uvas e no ar. Muitos viticultores locais preferem essas variedades "selvagens", embora as leveduras cultivadas sejam em geral mais confiáveis.

Liquoroso (italiano) Usualmente aplicado a vinhos doces e encorpados.

Longevo Termo que descreve um vinho capaz de evoluir na garrafa por muitos anos ou décadas. Só uma pequena proporção de vinhos tem essa propriedade *(ver também* **Envelhecimento***)*.

Maceração Prática de deixar as cascas das uvas com seu mosto. É o que dá aos vinhos tintos sua cor, seus taninos e seus sabores.

Maceração carbônica Técnica de produção de vinho associada ao Beaujolais francês. As uvas são fermentadas sem serem esmagadas, produzindo um vinho frutado, de cor intensa e taninos leves.

Madeira Vinho fortificado produzido na ilha portuguesa de mesmo nome.

Madeirizado Vinho que foi exposto ao oxigênio e/ou aquecido para adquirir o sabor do madeira. Ocasionalmente, o termo também é utilizado para descrever um vinho oxidado.

Magnum Garrafa com 1,5 litro de capacidade (equivalente a duas garrafas convencionais). Na magnum, o vinho tende a envelhecer mais lentamente e com maior elegância. Além disso, acredita-se que seja o melhor tamanho de garrafa para o champanhe.

***Master of Wine* ou MW** Título exclusivíssimo, conferido a pessoas de excepcional conhecimento outorgado pelo Institute of Masters of Wine (Instituto dos Mestres do Vinho) de Londres. Engloba conhecimentos em vinificação, distribuição, degustação e as pectos comerciais da indústria. Hoje, existem menos de 250 MWs em todo o mundo.

Maturação Processo de envelhecimento ou amadurecimento do vinho em barril ou tonel, normalmente na vinícola. Depois de lançado no mercado, pode continuar a ser envelhecido pelo comprador; nesse caso, porém, o termo mais comum é guarda ou envelhecimento em adega.

Meritage Vinho que emprega cepas de uvas tradicionais de Bordeaux (Cabernet Sauvig-

non, Merlot, Cabernet Franc, Malbec e Petit Verdot, no caso dos tintos, e Sauvignon Blanc e Sémillon para os brancos) de outra origem, geralmente a Califórnia e a África do Sul.
Méthode champenoise/classique (francês) Equivalente a *méthode traditionnelle*.
Méthode traditionnelle (francês) Espumante feito com as mesmas técnicas empregadas em Champagne. Indica que o vinho passou por uma segunda fermentação na garrafa.
Metodo classico (italiano) Termo italiano para *méthode traditionnelle/champenoise*.
Moelleux (francês) Vinho meio-doce.
Monopólio ou *monopole* (francês) Descreve um vinhedo que tem um único proprietário (seja um indivíduo ou uma organização).
Mosto Massa de suco de uvas, cascas, sementes, engaços e outros resíduos antes do início da fermentação.
Mutage (francês) Interrupção do processo de fermentação de um vinho antes de sua conclusão natural, normalmente por meio da adição de álcool. A técnica é utilizada para criar porto ou *vin doux naturel*.
Não-filtrado/*non-filtré* *(ver também* **Filtragem***)*.
Négociant (francês) Literalmente, comerciante; pessoa ou organização que compra uvas, mosto ou vinho de produtores para engarrafar vinhos sob seus rótulos próprios.
O *négociant* é um profissional importante em áreas com grande número de pequenos vinhedos, como a Borgonha. A qualidade de seus vinhos pode variar de ruim a excelente.
Non-vintage (NV) Corte de vinhos de safras de diferentes anos. Embora o termo muitas vezes seja usado para sugerir alta qualidade, não há nada de errado com os vinhos não safrados. Na realidade, a maioria dos champanhes é classificada como *non-vintage*.
Orgânico É muito difícil produzir vinho inteiramente orgânico, já que certos produtos químicos são essenciais durante a vinificação. Muitos vinhos anunciados como tal são simplesmente cultivados sem o uso de fertilizantes químicos, fungicidas e pesticidas.

PQRS

Passificação Secagem das uvas na vinha ou depois da colheita. Uvas-passas têm maior concentração de açúcar, dando origem a bons vinhos doces.
Passito (italiano) Vinho feito de uvas-passas. Pode ser doce *(recioto)* ou seco *(amarone)*.
Pétillant (francês) Levemente espumante.
Poda verde Prática de colher e descartar uvas na preparação para a colheita tradicional, para que a videira concentre suas energias no amadurecimento das uvas restantes.
Podridão nobre *ver* ***Botrítis***
Porto Vinho doce, fortificado, produzido no Vale do Douro, no norte de Portugal.
Porto ruby Estilo mais jovem e frutado de porto.
Porto tawny Estilo de porto de coloração aloirada. Os melhores conseguem aparência e sabor suave e maduro com longa maturação em barris.
Porto vintage O melhor dos porto, feito de uma única e excelente safra e envelhecido em madeira por cerca de dois anos. É "declarado" ou lançado pelos produtores apenas nas melhores safras, em média três vezes a cada década.
Premier cru (francês) Primeiro cultivo ou vinhedo. Na região do Médoc, em Bordeaux, as melhores casas são classificadas como *premier cru*. Em St-Émilion, os melhores produtores são conhecidos como *premier grand cru classé*. Na Borgonha os *premier crus* estão logo abaixo dos *grand crus* na classificação hierárquica.
Produção A quantidade total de vinho produzido por uma vinha individual ou por um vinhedo em uma determinada safra. Produções menores dão uvas de melhor qualidade, e nas *appellations* européias as produções máximas são previstas em lei (desde 3.800 litros por hectare para o Borgonha tinto *grand cru* a mais de 10 mil litros por hectare para outras classificações).
Prosecco (italiano) Espumante elaborado a partir de cepas Prosecco. Adaptam-se muito bem à região italiana de Veneto. Vai do seco ao meio-doce.
Quinta Propriedade rural típica em Portugal.
Reserva Termo regularmente encontrado nos rótulos de vinhos para denotar lançamento ou seleção especial.
Recioto (italiano) Tinto um branco feito de uvas-passas *(passito)*. Bem encorpado, é uma especialidade de Veneto.
Riserva (italiano) Vinho que envelheceu por mais tempo que o habitual antes de ser lançado e tem maior teor alcoólico.
Rosé (francês), ***rosado*** (espanhol) ou ***rosato*** (italiano) Vinho de coloração rosada, um meio-termo entre o tinto e o branco. A única região autorizada a produzi-lo, misturando vinhos tintos e brancos, é Champagne. A vasta maioria dos outros *rosés* é feita a partir de uvas tintas que passam por um breve período de maceração.
Sec (francês) ou ***secco*** (italiano) Vinho seco.
Sedimento Matéria sólida encontrada no vinho, desde restos de fermento, fragmentos de casca de uva e polpa oriundos da vinificação até elementos formados naturalmente pelo vinho. Certos vinhos criam um sedimento quando amadurecem em garrafa por um longo período. Eles precisam de decantação.
Sélection de Grains Nobles (francês) Classificação alsaciana para vinhos feitos com uvas extremamente maduras que geralmente foram afetadas pela podridão nobre. Os vinhos SGN, doces, são produzidos apenas em safras consideradas excepcionais.
Sem carvalho Vinho deliberadamente feito sem uso de barris de carvalho – o objetivo é destacar o frescor de seus sabores de fruta.

Sobremesa, vinho de Vinho que contém grande quantidade de açúcar. Tem sabor doce e normalmente é usado para acompanhar sobremesas.
Spumante (italiano) Espumante, ou denominação de espumantes produzidos em Asti, nordeste da Itália.
Superiore (italiano) Geralmente aplicado para vinhos DOCG de alta concentração alcoólica, sem indicador de qualidade.

TUVX

Taninos Componente adstringente, que "seca" a boca. Nas uvas, os taninos são encontrados nas cascas, sementes e engaços, e são particularmente importantes na composição dos vinhos tintos. Eles fornecem ao vinho a estrutura e o peso e também agem como conservantes, auxiliando o envelhecimento na garrafa. Um vinho com taninos em excesso é descrito como "tânico".
Tenuta (italiano) Propriedade.
Terroir (francês) Termo usado para descrever o conjunto de condições ambientais de um vinhedo, como clima, solo, inclinação e exposição, entre outros fatores. Os defensores do *terroir* acreditam que um vinho não deve ser apenas o resultado de suco de uva fermentado, mas deve expressar as condições do lugar onde as uvas são cultivadas.
Trasfega Processo de separar um vinho de seus sedimentos na vinícola. Estimula-se o sedimento a se depositar no fundo dos barris. O líquido é então drenado ou extraído por bombeamento e transferido para um reservatório limpo.
Varietal Vinho que foi rotulado com base em sua principal cepa e não pela região em que foi produzido. Às vezes, é também utilizado como sinônimo de "variedade de uva".
Vendemmia (italiano) Colheita ou safra.
Vendange tardive (francês) Termo que significa colheita tardia. As uvas que são colhidas mais tarde tendem a ser mais maduras e concentradas, produzindo estilos mais doces de vinho. Na Alsácia, o termo obedece a uma definição legal precisa. Em outras regiões, pode ser usado simplesmente a critério do produtor.
Véraison (francês) Período em que as uvas amadurecem, ganhando açúcar (e também cor, se tintas), embora não cresçam muito em tamanho.
Vieilles vignes (francês) "Vinhas velhas". À medida que uma vinha envelhece, tende a produzir menos, mas suas uvas têm melhor qualidade. Mas a expressão não é garantia de um vinho superior, porque não há definição legal do que seja uma vinha "velha".
Vigneron (francês) Vinicultor.
Vignoble (francês) Vinhedo.
Vin de pays (francês) Muitas vezes com excelente relação custo-benefício, os "vinhos regionais" estão entre os vinhos de mesa e as denominações controladas na classificação hierárquica francesa.
Termo para vinho de mesa.
Vin doux naturel (francês) Vinho doce produzido pela adição de álcool ao mosto em fermentação antes que todo o açúcar tenha se convertido em álcool *(ver também **Mutage**)*.
Vin gris (francês) Vinho *rosé* de coloração pálida, delicada.
Vin nouveau ou ***primeur*** (francês) ou ***novello*** (italiano) Vinho jovem para ser bebido no ano em que é produzido. O melhor exemplo desta categoria é o Beaujolais Nouveau.
Vin santo (italiano) Rico vinho de sobremensa da Toscana, elaborado a partir de uvas-passas. É envelhecido em barris por três anos.
Vinhateiro itinerante ou "voador" Indivíduo que produz vinhos em várias partes do mundo. O termo foi originalmente cunhado quando produtores altamente treinados foram trazidos do Novo Mundo para revitalizar propriedades tradicionais européias.
Vinhedo único Vinho produzido com uvas provenientes de um único vinhedo.
Vinho de base Ou "tranqüilo" (isto é, sem borbulhas) a partir do qual se produzem o champanhe e outros espumantes.
Vinho de butique ou de garagem Termos relativamente recentes para o vinho de alta qualidade (e freqüentemente de altíssimo preço) feito por produtores em escala muito pequena. Os equipamentos e as instalações utilizados geralmente são básicos, e a produção pode mesmo acontecer em uma garagem.
Vinho de mesa ou ***Vin de table*** (francês) ou ***vino da tavola*** (italiano) Em teoria, é a mais baixa classificação vinícola da Europa. Em geral, são baratos e pouco interessantes. Mas alguns dos melhores são assim rotulados. O preço é um bom indicador de qualidade aqui – os melhores vinhos desta categoria tendem a custar significativamente mais do que os vinhos de mesa básicos.
Vine pulls Remoção de vinhas. Em partes da Europa onde a superprodução é um problema, o governo paga para destruir suas safras.
Vinificação Essencialmente, o processo que converte o suco de uva em vinho.
Vino da tavola (italiano) Termo para vinho de mesa.
Vintage Termo que pode ser utilizado tanto para descrever "safra" como o ano em que as uvas foram cultivadas para produzir um vinho. Um vinho *vintage* precisa ser feito de uvas cultivadas em um mesmo ano. O champanhe *vintage* só é produzido em anos excepcionais e pode ser amadurecido por até três anos em suas borras *(ver também **Non-vintage**)*.
Viticultura Cultivo das vinhas – a ciência, a técnica e as habilidades necessárias para produzir uvas de qualidade comercial.
Vitis vinifera A espécie de vinha responsável pela maior parte do vinho produzido atualmente no mundo.
Xerez *(jerez)* Vinho fortificado produzido na região de Jerez, na Espanha.

Índice

N

O

P

Q

R

Agradecimentos

AUTORES
Listas de Vinhos Top 10 elaboradas por Vincent Gasnier *(pág 7)*. Outros textos de Ruth Arnold, Julie Besonen, Stephen Brook, Paul Hines, Richard Jones, Susan Keevil, Dr. Paul White

BLUE ISLAND PUBLISHING

Direção editorial
Rosalyn Thiro

Direção de Arte
Stephen Bere

Editor Sênior
Ferdie McDonald

Editor Associado
Michael Ellis

Design
Ian Midson

Pesquisa Editorial
Paul Hines

Pesquisa de Imagens
Helen Stallion

DORLING KINDERSLEY

Editora Sênior
Janet Mohun

Editora de Arte Sênior
Helen Spencer

Editoração Eletrônica
Traci Salter

Controle de Produção
Mandy Inness

Diretora executiva
Adèle Hayward

Diretora de arte
Karla Jennings

CRÉDITOS DAS IMAGENS
Os editores agradecem a todos os produtores de vinho e arquivos de imagens pela gentil permissão de reprodução de suas fotos.

CEPHAS: Jerry Alexander 24-5, 50, 56-7; Kevin Judd 12, 20-21, 27, 46-7, 126-7; R&K Muschenetz 8-9, 23, 32, 36, 64-5, 67, 68, 74, 78-9; Fred. R. Palmer 113; Mick Rock 71, 72, 80, 83 (alto e embaixo), 93, 94, 96, 99, 100-101, 110-11, 115; Ted Stefanski 32.

CORBIS: Bettmann 119 (embaixo); Robert Holmes 35 (embaixo);
K. J. Historical 199 (alto); Phil Schermeister 34 (alto);
Jim Sugar 49.

PARAISO: Doug Steakley 4-5.

Dados Internacionais de Catalogação na Publicação (CIP)
(Câmara Brasileira do Livro, SP, Brasil)

Top 10 vinhos : Estados Unidos e Canadá / seleção de Vincent Gasnier ;
[tradução Luiz Roberto M. Gonçalves]. – São Paulo : Publifolha, 2007. –
(Top 10 vinhos)

Título original: Top ten wines : USA Including Canadian Wines
ISBN 978-85-7402-805-7

1. Vinhos e vinificação – Canadá – Guias 2. Vinhos e vinificação – Estados Unidos – Guias I. Gasnier, Vincent. II. Série.

07-3706 CDD-641.220973

Índices para catálogo sistemático:
1. Vinhos norte-americanos : Alimentos e bebidas : Guias 641.220973